岁时节令

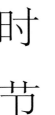

Time And Seasons Of Dunhuang

敦煌研究院 编

赵声良 主编 杜鹃亭 著

江苏凤凰美术出版社

敦煌岁时节令

Time And Seasons Of Dunhuang

　　斗转星移，寒来暑往，一年四季的自然变化，与人们的日常生活息息相关。中华民族在数千年的发展历程中，不断探索天地自然变化的规律，强调"天人合一"思想，重视人与自然的和谐关系。

　　中国是一个农业国家，先民们注意到一年中季节的变化，首先对农业生产具有重大影响。孟子说："不违农时，谷不可胜食也。"《荀子·王制篇》也指出："春耕、夏耘、秋收、冬藏，四者不失时，故五谷不绝，而民有余食也。"可见古代的圣贤早已看到只有遵循自然规律，才能带来农业的丰收。依据四时变化，中国古代形成了一年内的二十四节气，意在指导人们按时令进行农业生产。此外，还有一些相关的节令，标志着季节的更替和气候的变化。而这些岁时节令，又不断融入了各类文化活动的内涵，由农业而扩展到日常生活的方方面面。《礼记·月令》甚至还把一年内每个月适宜或不宜的行事具体列出，涉及政治、经济、军事诸领域。在中华文明千百年的发展中，岁时文化融入了民俗、宗教、艺术诸多内容，凝结着中华民族智慧的结晶；岁时文化是中华民族对人类文明的重大贡献。

　　从敦煌石窟壁画中，我们可以看到有关岁时文化的诸多画面；

敦煌藏经洞出土的文献中，也包含着极为丰富的岁时节令内容。敦煌岁时文化的资料涉及传统民俗、礼俗和佛俗，并融合丝绸之路与敦煌独特的自然风貌与社会环境，形成了具有浓厚地方特色的民俗文化。虽然历代文献中对传统岁时文化不乏记载，但敦煌文献和壁画的相关材料更为具体而生动地再现了古代岁时文化的真实状态，具有重要的历史价值和艺术观赏价值。

敦煌研究院《敦煌岁时节令》项目在前人研究的基础上，以"传承、人文、诗意、生活"为核心理念，把敦煌壁画、彩塑以及藏经洞出土文献结合起来，把中古民俗和生活图景引入现代人的视野当中，将传统岁时节令从图像到生活再现于世人面前，注重可读性、可视性，让古老的敦煌文化"活"起来；通过新媒体形式，在敦煌研究院公众号等数字媒体平台展示敦煌艺术和中华优秀传统文化。自 2018 年发布以来，引起了社会广泛关注，先后入选国家新闻出版署"2019年度数字出版精品遴选推荐计划""读掌上精品　庆百年华诞——百佳数字出版精品项目献礼建党百年专栏"。

本书将《敦煌岁时节令》系列项目以图书的形式整理出版，希望有更多的读者从中了解敦煌文化之丰厚、感悟敦煌艺术之美，从而更好地传承弘扬中华优秀传统文化。

赵声良

2022 年 3 月

《敦煌岁时节令》

敦煌研究院 编

主　编

赵声良

著　者

杜　鹃　赵晓星　田舒源　王芳芳

敦煌岁时节令

Time And Seasons Of Dunhuang

目录

立春

青帝东来日驭迟
暖烟轻逸晓风吹

岁首，去祸祈福

敦煌岁时节令

Time And Seasons
Of Dunhuang

南宋白玉蟾《立春》写道："东风吹散梅梢雪，一夜挽回天下春。从此阳春应有脚，百花富贵草精神。"立春俗称"打春"，属二十四节气的首个节气，也指由冬入春的临界点，意味着气温将升、万物复苏、生机勃勃。它居于岁首，人们于此日开展许多民俗活动，去祸祈福，以祈盼整年的吉祥和丰收。

❀ 礼俗
立春之祀

在中国古代，立春是全民都会参与的盛大节日，距今已有3000多年传统。

《礼记·月令》中记载，立春之祀的地点在东郊，因春神句芒（象征草木与生命，又称"青帝"）居住在东方；东方为春，天子亲率三公九卿、诸侯大夫去东郊迎春，祈求丰收。汉代继承周俗，天子迎春于东郊，着青衣，祭句芒神。

始于汉代的立春习俗还有立春幡、造土牛迎春。古代在立春这一天，乡村要制作土牛，称为"春牛"，有"鞭春牛"仪式。苏轼在元丰六年（1083）十二月二十七日这一天，曾做一梦，梦见几个官员拿着纸让他写《祭春牛文》。苏轼取笔一挥而就："三阳既至，庶草将兴，爰出土牛，以戒农事。衣被丹青之好，本出泥涂；成毁须臾之间，谁为喜愠？"尚未生育的女性要抢夺春牛的尾巴，回家后压在毡褥底下，谓可以促怀孕。

立春过后，农民开始春播。苏轼在《减字木兰花·立春》中写道："春牛春杖，无限春风来海上。便丐春工，染得桃红似肉红。春幡春胜，一阵春风吹酒醒。不似天涯，卷起杨花似雪花。"这里的"春牛春杖""春幡春胜"都是在立春这一天的传统习俗。

发展到了南北朝，民间则剪春幡贴符。隋唐时戴春胜，亦称彩胜；即用彩绸、彩纸剪成像燕子形或幡式的头饰。彩胜上书"宜春"二字，走向田野迎春。宋代，人们还剪绸或纸，绘制成小旗，戴在头上或系于花下，庆祝春日来临。公卿之家更是镂刻金绘，加饰珠翠或金银，穷极工巧，相互馈赠。

❀ 文献
敦煌春迹

有关立春日的记载，目前可见有两件敦煌文献。其中一件属于"类书"，记载如下："五福除三祸，万吉消百殃。宝鸡能僻恶，瑞燕解呈祥。立春著户上，富贵子孙昌。"主要表现立春日时天气阴阳调

敦煌文献 S.0610v《类书》

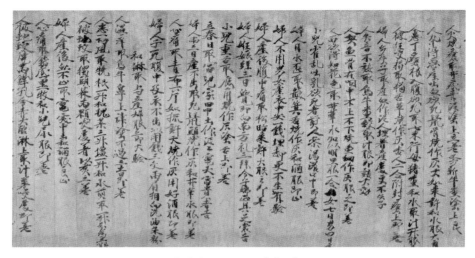

敦煌文献 P.2666v《单方》

和，人们趋福避祸的祈福心理，表达了人们心中的美好祈愿。五福，即古代中国民间关于幸福观的五条标准，分别是："长寿"，命不夭折而且寿数绵长；"富贵"，钱财富足而且地位尊贵；"康宁"，身体健康而且内心安宁；"好德"，心性仁善而且顺应自然；"善终"，安详离世而且饰终以礼。

在古人看来，宝鸡与瑞燕均属吉祥之物，能给人们带来荣华富贵、子嗣昌盛。人们选择鸡、燕迎春祈福主要出于以下两点考虑：一为迎春，鸡鸣寓示一日开端，同样也可寓示一年之始，燕子则是春天常见的飞禽；二为祈福，鸡、燕为祥瑞之物，"鸡"音同"吉"，寓意吉利，能辟邪，而燕子向来是多产多子的象征。

另一件文献《单方》记载："立春日，取富儿家田中土作泥灶，大富贵者，吉。"可见，从立春开始就可以动土，从事营作。立春一日，百草回芽。今日起，阳和生暖、万物生长；今日起，天暖谋耕、鸟语花香。敦煌有春，愿你岁始无忧、幸运发芽。

青绿山水　莫高窟第 103 窟　盛唐

春节

献岁初开，元正启祚，入新改故，万物同宜。

履端入新改故

春节

敦煌岁时节令

Time And Seasons
Of Dunhuang

春节俗称"过年"，是中国人最盛大、最热闹的传统节日。正月初一，是中国农历新年的岁首，这才是中国人真正的"元旦"。忙碌了一整年的中国人，在腊月里完成一系列祭祀活动，在除夕夜全家人欢聚一堂辞别旧岁，从初一开始互相拜年迎接新春。因此，春节作为中华民族最隆重的传统佳节，不仅是新岁伊始的仪式，更是中国人情感的归宿。

❀ 文献
敦煌履端之庆

正月初一也叫作"履端"，因古时推算历法以此为始。履者，步也。古人认为日月在天上运转，就像人在地上行走一样，所以将推算历法的行为称为"步历"。作为新年起始的正月初一自然是步历的第一天，因此被称为"履端"。这天起，亲友往来、饮食相邀，展开春节的一系列庆祝活动。

据敦煌文献《岁日相迎书》记载："献岁初开，元正启祚，入新改故，万物同宜。共叙芳年，咸成丽景，聊陈薄酌，用展旅情，便请此来，下情所望。"可见古人也相邀酌叙共贺新春，与当今春节时人们聚会庆贺相同。

敦煌文献 S.2200《岁日相迎书》

敦煌桃符题辞

　　贴春联是迎接春节最具标志性的活动，也就是王安石《元日》中所说的"总把新桃换旧符"。

　　春联源于"桃符"，最初是古人于大门两侧悬挂的桃木板，上面或书或画"神荼""郁垒"二神，用以辟邪镇妖，后来逐渐发展成为其上书春辞并于岁旦更换的习俗。后蜀孟昶"新年纳余庆，嘉节号长春"，被认为是中国最早的春联。

　　敦煌文献《类书》中，保存了唐代的桃符题辞："三阳始布，四序初开。福庆初新，寿禄延长。"又："三阳开始，四序来祥。福延新日，庆寿无疆。"其内容为新春祝福，以四言的对仗联句形式写成，符合春联的基本形式。

❀ 壁画
敦煌壁画中的十二生肖动物形象

　　十二生肖是与十二地支相配的十二种动物。在现代，更多人把生肖作为春节的吉祥物。敦煌壁画中留下了大量生动的动物形象，包括鼠、牛、虎、兔、龙、蛇、马、羊、猴、鸡、狗、猪。

　　新岁伊始，再强烈地放飞自我也大不过心归故乡，同样的食材，团聚时刻却能尝出格外甜香。正是入新改故的仪式感，收纳了我们上一年的喜怒哀乐，容得了下一年的凌云壮志。南北东西，轻松调取我们的美好记忆，强化我们的民族情感，在袅袅炊烟前感到温暖。

　　履端楹联贺岁，佛窟历久弥新，壁画瑞兽欢跃，户户张灯结彩，心安处即是故乡。

◎子鼠

鼠　榆林窟第 25 窟　中唐

◎丑牛

牛　莫高窟第 360 窟　中唐

◎寅虎

虎　莫高窟第92窟　中唐

◎卯兔

兔　莫高窟第407窟　隋

◎辰龙

龙　榆林窟第 10 窟　西夏

◎巳蛇

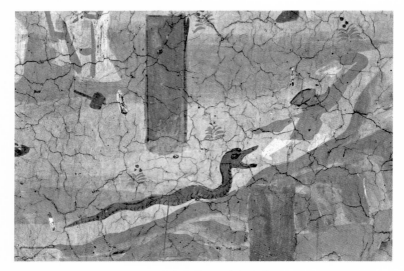

蛇　莫高窟第 138 窟　晚唐

◎午马

马　榆林窟第 10 窟　西夏

◎未羊

羊　莫高窟第 290 窟　北周

◎ 申猴

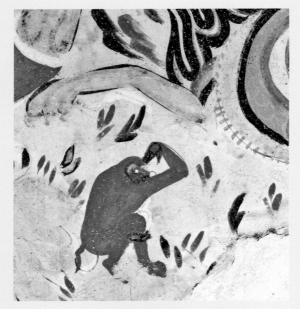

猴　莫高窟第249窟　西魏

◎ 酉鸡

鸡　莫高窟第285窟　西魏

◎戌犬

犬　莫高窟第 85 窟　晚唐

◎亥豕

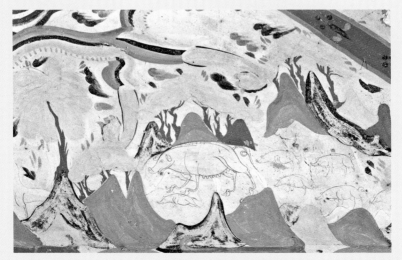

猪　莫高窟第 249 窟　西魏

雨水

天街小雨润如酥
草色遥看近却无

在霡霂零霙中听雨

"春始属木，然生木者必水也，故立春后继之雨水。"（元·吴澄《月令七十二候集解》）如果立春是春天的引子，那雨水便为春天的到来敲响了行板，于柔和舒缓的节拍中温润整个大地，一载新岁在泥土的芬芳中渐渐苏醒。

一候獭祭鱼，二候鸿雁来，三候草木萌动。这一天，水獭开始捕鱼，并将鱼摆在岸边，如同先祭后食的样子；五天过后，南雁北飞，陆续回到日渐温暖的北方；再过五天，草木复苏，在春雨的滋润下抽出嫩芽。自此，大地逐渐呈现出一派欣欣向荣的景象。字如其雨，在或生僻或将失散的文字中听滴滴答答、春水沥沥。

❁ 听雨读字

最知雨的，除了靠天吃饭、不误农时的耕者外，还有多愁善感、借物抒怀的文人。"一轩春雨对僧棋"，最是享受此时雨水的洁净和朴素。

而今天，与"雨"相关的许多汉字，却很少有人能准确读出它们的发音，更难了解其意；只可在其"形"中辨认它可能描绘的是怎样的情景，想象它和雨发生过什么样的故事。

霺　[wēi]
古汉语同"濛"，小雨。

霖　[lì]
雨下得不停的样子。

雱　[pāng]
1. 雨雪下得很大。
北风其凉，雨雪其雱。——《诗·邶风·北风》

山间流水　榆林窟第 2 窟　西夏

2. 同"滂"。水盛漫流。

滂，沛也。或作雱。——《集韵》

雪　［ xí ］

1. 雨。

2. 中国古代东北少数民族的一支，隋唐时居于潢水（今西拉木伦河）以北，后迁潢水以南，并于奚族。

霄　［ fǒu ］

雾。

霄美：指美丽很神秘，不会整个地全显露出来，看不透、摸不着、

远山雾气　莫高窟第 323 窟　初唐

猜不准的意思；如同"犹抱琵琶半遮面""欲拒还迎"的那种感觉，让人浮想联翩。

霅霫　[chì xí]

大雨。

《玉篇·雨部》："霫，霅霫，大雨也。"清·恽敬《大云山房杂记》卷一："霅，敕立切；霫，息入切；大雨也。今吴人以秋雨为秋霅霫。"

霃 [diào]

虚无寂寞。

霄霃：虚无寂寞，如"上游于霄霃之野"。

霫

1. [sè] 小雨声，"修修复霫霫，黄叶此时飞"。

2. [xí] 古同"霤"。

霠 [hóng]

1. 古汉字。水名；幽深。

2. 一种道家文字，为道教第一尊神。

霥 [méng]

1. 古同"濛"，（雨）细小。

2. 古同"蒙"，覆盖。

霈 [pèi]

1. 大雨，亦喻帝王恩泽：霈泽。

2. 雨盛的样子：霈然作雨。

3. 自满的样子：霈然自得。

❀ 敦煌有雨

敦煌文献《咏廿四节气诗》是我们所能见到的最早的节气组诗。《咏廿四节气诗》的完成时间约在中晚唐时期，从中原传入敦煌，并最终保存下来。关于雨水节气的咏诵，见于《咏雨水正月中》："雨水洗春容，平田已见龙。祭鱼盈浦屿，归雁回山峰。云色轻还重，风光淡又浓。向看入二月，花色影重重。"首句中的"龙"本是水草名"茏"，因雨的到来而丰富了春的气息。雨水云色、祭鱼归雁，浓淡相宜、春色欣欣。

敦煌文献 P.2624《咏廿四节气诗》

除却文字记载，与雨水相关的，还有莫高窟第 61 窟甬道南壁黄道十二宫第十二宫——双鱼宫。古代天文学家为了表示太阳在黄道上的位置，把黄道定为 360 度，分为 12 段，叫作黄道十二宫。而节气，就是太阳在黄道上运行到达相应的宫次位置。当太阳初到双鱼宫时，此时就是雨水时节。雨水时节，春风遍吹，降雪停止，气温回暖，冰雪融化，空气湿润，开始下雨。

一场春雨一场暖，细若针尖、如雾如烟的春雨润物无声。雨点所及之草木，纷纷萌发绿芽。烟飞漠漠，露湿凄凄。敦煌人凭栏听雨，一埋头便是一生，沉默了多少芳华。乍暖还寒，鸿雁北归，莫高窟坐看云起，留下了千年记忆。

双鱼宫特写

黄道十二宫　莫高窟第 61 窟　西夏

上元节

三元之首 必燃灯以求思
正旦三长 盖缘幡之佳节

上元节

月悬星落争光明

"火树银花合，星桥铁锁开。暗尘随马去，明月逐人来。"这是唐朝宰相苏味道笔下正月十五灯火辉煌的洛阳城。"突兀球场锦绣峰，游人仕女拥千重。月离云海飞金镜，灯射冰帘掣火龙。"这是南宋诗人陆游眼中上元节热闹非凡的蜀中灯市。作为农历新年的第一个满月之夜，正月十五自古就被赋予了美好、浪漫、圆满的寓意。

是夜，皓月高悬，人们挂起万盏彩灯，祈福欢娱，以示庆贺。隋炀帝《正月十五日于通衢建灯夜升南楼》诗云："法轮天上转，梵语天上来。灯树千光照，花焰七枝开。月影凝流水，春风含夜梅。幡动黄金地，钟发琉璃台。"

❀ 最·热闹

春节隆重，元宵热闹，民间"小初一，大十五"之说并非空穴来风。敦煌一年一度的上元燃灯仪式可谓热闹非凡。古代正月十五

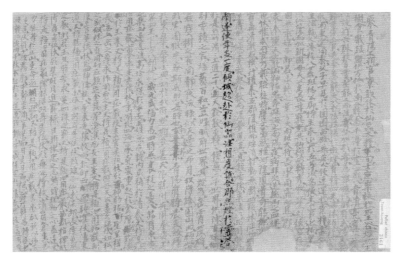

敦煌文献 P.3461《斋文》

舞乐　莫高窟第 220 窟　初唐

这天，上自最高官员、下至道俗士庶，全城奔赴莫高窟，设供焚香、燃灯诵佛、振钟鸣乐，既有斋会活动的肃穆，亦有全民同乐的欢悦。

敦煌文献《斋文》记载："厥今青阳上朔，官僚钦仗于仙岩；太簇中旬，士庶崇投于圣谷。灯燃千树，食献银盘，供万佛于幽龛，奉千尊于杳窟……遂使年支一度，倾城趋赴于仙岩；注想虔诚，合郡燃灯于灵谷。"

绘制于唐代贞观十六年（642）的敦煌壁画舞乐图，画面以灯楼为中心，两侧立有灯轮，还有天女燃灯，描绘的正是盛唐宫廷夜宴歌舞升平的热闹景象。

❀ 最 · 中心

敦煌的上元燃灯，分民俗和佛俗。前者的记载不多，如敦煌文献《时文规范》："初入三春，新逢十五。灯笼火树，争燃九陌；舞席歌筵，大启千灯之夜。"寥寥数语，反映了晚唐敦煌民间上元夜"火树银花合""九陌连灯影"的盛况。

更主要的是佛俗燃灯。敦煌文献《正月十五日窟上供养》："三元之首，必燃灯以求恩；正旦三长，盖缘幡之佳节。宕泉千窟，是

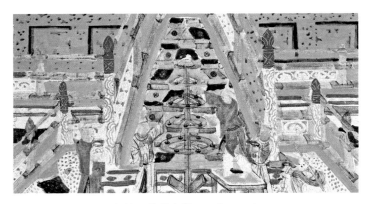

灯轮　莫高窟第 146 窟　五代

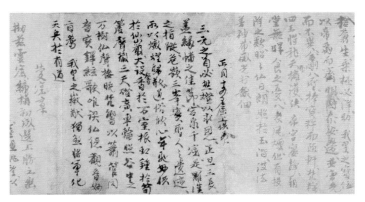

敦煌文献 P.3405《正月十五窟上供养》

罗汉之指踪；危岭三峰，实圣人之遗迹。所以敦煌归敬，道俗倾心，
年驰妙供于仙岩，大设馨香于万室。振虹（洪）钟于筍簾，声彻三天。
灯广车轮，照谷中之万树。"

　　"三长"指三长斋月，正月是其中的一月。"宕泉"又名大泉，
是莫高窟前的河流。"危岭"即三危山，在莫高窟的东面。"仙岩"
全称仙岩寺，为莫高窟之异名。由此可知，每年正月十五佛事燃灯
的中心地点就在莫高窟。

关于正月十五燃灯祈福的起源，敦煌藏经洞出土的大量唐宋时期燃灯文，以文献的形式将其渊源指向了古代印度佛教中"大神变月"时燃灯礼佛的仪式。

相传在古代印度，每逢这一天，天降花雨，寺塔舍利大放光明，呈现一番神幻奇异的景象。而四方僧俗，都聚集在寺塔的周围，树灯轮，散香花，奏乐礼拜，竞相供养。

经过东汉至魏晋南北朝的发展演变，燃灯礼佛的习俗逐渐兴起。到了隋唐，上元夜燃灯的风气更加兴盛，但其性质，除了礼佛求福，更成了热闹的节日了。

接汉疑星落，依楼似月悬，暖暖灯影下，谁人挤过熙攘的街头。飞檐斗拱良宵相伴，万影明灯静夜流辉，宕泉河边梵音清亮，水中灯影宛若星河。三五稚童挑灯追逐、嬉笑玩闹。灯笼中那闪烁的光影，仿佛用不完的月光，已经面带微笑映照千秋。

九层灯轮 莫高窟第433窟 隋

惊蛰

草木纵横舒
众蛰各潜骇
始雷发东隅
仲春遘时雨

『爆裂鼓手』醒万物

惊蛰

大自然也有闹钟。对沉睡蛰居了一整个冬天的动植物而言，立春后的一声惊雷，就是将它们从梦中唤醒的闹铃。大地复苏，万物纷纷睁眼睛打哈欠伸懒腰，开始新一轮的生命周期。蛰虫惊醒，天气转暖，春雷声声。日子更加明亮起来，宣告春耕农忙的开始。这便是"春雷响，万物长"的惊蛰。

耕作　莫高窟第 296 窟　北周

话
阳气初惊蛰

中国古人通过观察天文、气候、物候的变化规律，编写出一组组关于节气的诗歌。在无常的世界中掌握四季交替的节拍，指导着年复一年的春耕秋收，也提炼出自然的诗意和生命的哲理。我们从这些极简的文字中，看见草木枯荣冰融鱼跃，听到雷鸣雨落鸟语蝉鸣，嗅到花朵绽放泥土芬芳。

一候桃始华，二候仓鹒鸣，三候鹰化鸠。这一天，桃花始开，花红柳绿，展开春景的画卷；五天后，黄鹂嘤啭，感春求友，唱响复苏的乐章；再过五天，鹰化春鸠，布谷而鸣，预报播种的信息。

敦煌文献《咏廿四节气诗》称："阳气初惊蛰，韶光大地周。桃花开蜀锦，鹰老化春鸠。时候争催迫，萌芽互短修。人间务生事，耕种满田畴。"

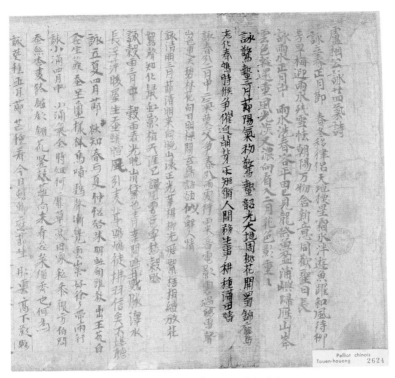

敦煌文献 P.2624《咏廿四节气诗》

惊蛰时节，温暖的气候催促着万物急迫生长。春耕期从此正式开始，放眼望去，田野里都是农人忙碌的身影。那些萌发的幼芽，将会快速地长高、长大。

画
惊蛰祭雷神

　　惊蛰的节气神是雷神。东汉王充《论衡》记载：雷神"图画之工，图雷之状，累累如连鼓之形。又图一人，若力士之容，谓之雷公。使之左手引连鼓，右手推椎，若击之状，其意以为雷声隆隆者，连鼓相叩击之音也"。惊蛰这天，雷神挥椎叩击连鼓，顿时春雷大作，惊醒地上万物，人们听到雷声就知道春天已经到来。

　　佛教传入东土后，将中国本土的神灵吸纳进佛教神系，来争取更多的信众。因此，在敦煌壁画中，不仅保存有佛、菩萨等佛教尊神的形象，还描绘了伏羲、女娲、风伯、雨师、雷公、电神等中国传统神仙的形象。惊蛰节气神——雷神，也在敦煌壁画中留下了写真，让我们在今天能够一睹这位"爆裂鼓手"的真容。

　　莫高窟第 285 窟壁画中就保存了雷神的形象。人兽合体的雷神臂生羽毛，腾空飞跃，身形健壮，孔武有力；十二面连鼓围作圆形，雷神以手脚同时敲击，使人感到隆隆之声不绝于耳。这一雷公形象，与东汉王充的叙述非常接近。

　　同时期的第 249 窟也绘有雷神形象，爪似野兽，鼓的形状和我们今天的"腰鼓"颇为相似。雷神肩上飞舞的蓝色羽毛，与蓝色连鼓相互辉映。整个画面动感十足。

　　莫高窟第 329 窟中的雷神则较之前更为传神，虽与早期雷神构图相似，但画师的技艺更加精湛。鼓的立体感十足，还绘出不断传出的鼓声，隆隆之音依稀可闻。

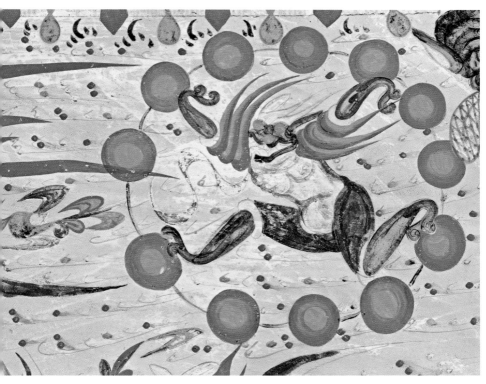

雷神　莫高窟第 285 窟　西魏

　　春雷阵阵，石室藏宝，写不完书上书下千载春秋；鹡鹆啾啾，面壁生华，诉不尽画里画外前世今生。人间三月，方才苏醒，愿你在敦煌石窟中遇见广博的世界。

雷神 莫高窟第 249 窟 西魏

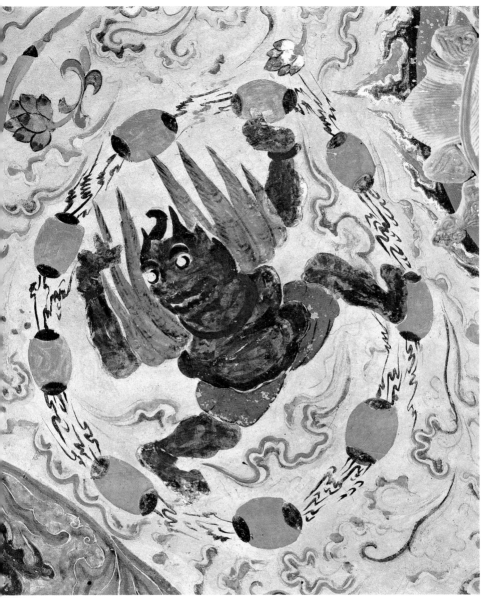

雷神　莫高窟第 329 窟　初唐

龙头节

万物相随而出

如如然

龙头节

这六件好事与你有关

民间有一种说法是：从上一年腊八到新一年二月初二，才算过完春节。现代人自然享受不了这么悠长的假期，但对于过往农耕时代的人们而言，漫长的冬季就是他们劳作整年的休憩，经历万物蛰伏，静待春天的一声惊雷。新春伊始，万象更新，每年的二月二在惊蛰和春分之间，正是万物复苏的好时节。

《尔雅·月名》："正月为陬，二月为如，三月为寎，四月为余，五月为皋，六月为且，七月为相，八月为壮，九月为玄，十月为阳，十一月为辜，十二月为涂。"农历二月便是"万物相随而出，如如然"的"如月"。

✿ 祥瑞
好精神

农历二月初二，阳气回升，大地解冻。人们观察到太阳下山时，苍龙星宿龙头同时于东方升起。龙抬头，便是苍龙七宿的龙头升起。

在中国古代，尤其是秦汉及以前，像一月一、二月二、三月三这样的"重日"多被认为是天地交感、天人相通的日子。古人会在"二月二"举行祈福、祭祀或是纪念活动，庆祝"龙抬头"，以示敬苍龙，祈甘霖，保丰收。

五龙莲花藻井　莫高窟第 235 窟　宋

双龙莲花藻井　莫高窟第 392 窟　隋

❀ 天气
降好雨

　　从节气上说，农历二月初，正处在"雨水""惊蛰""春分"之间，中国很多地方就是在这个时候开始进入雨季。古人认为这是"龙"的功劳。龙在中国人的心目中不仅是祥瑞之物，更是和风化雨的主宰。风雨和顺，正是农耕的好时机。榆林窟第 25 窟壁画中，龙王正在布雨，云层翻滚升腾，乌云滚滚，时雨霏霏，正是一幅龙王降雨的场景。

龙王降雨　榆林窟第 25 窟　中唐

◉ 耕作
　　使好牛

　　农历二月以后，春回大地，万物复苏，冬季的少雨现象结束，降水增多，春耕由南到北逐渐开始。

　　为了让"龙"顺利地"抬头"，这天家里要停止一切家务，尤其要停止针线活，免得"伤了龙目"；二月二龙抬头洗衣，恐怕"伤了龙皮"。二月初一的晚上，家里有石磨的就要把石磨收起来，据说是为了不影响"龙抬头"，只有这样才能"细雨下得满地流，一年吃穿不发愁"。

耕作　榆林窟第 25 窟　中唐

◉ 理发
好彩头

　　所谓"剃龙头"，指二月初二理发的习俗。儿童理发，叫剃"喜头"，借"龙抬头"之吉时，保佑孩童健康成长，长大后出人头地；大人理发，辞旧迎新，希望带来好运，新的一年顺顺利利。

剃度　榆林窟第 16 窟　五代

◉ 启蒙
好聪明

　　农历二月初三为文昌（主宰功名之神）诞辰，旧时这天让孩子开笔写字，取"龙抬头"之吉兆，为孩子正衣冠、点朱砂启蒙明智，寓意孩子眼明心明，祝愿孩子长大断文识字。开笔礼是人生的第一次大礼，是中国传统中对少儿开始识字习礼的启蒙教育形式。

敦煌自古就重视对儿童的教育，魏晋南北朝时期便有设立学校的文字记载。隋唐两代朝廷推行科举制，不拘一格选拔人才，更使读书成为风尚。唐宋时期，敦煌设州学、县学及医学，是官办学堂；寺院还设寺学及专门从事研究佛法义理的义学，儿童从小便可入上述学校就读。

莫高窟第12窟就绘有学堂，画面中学堂自成院落，一间单檐庑殿建筑是正房。房前老师端坐正提笔书写，维摩诘居士执尘尾坐于一旁，似在与老师交流谈论。两人面前，一侍者躬身奉上茶水。厢房里两侧的学郎正展卷读书，中间的绿衣小同学趁着老师不注意，竟打起了瞌睡。壁画里这一小学堂的情景，让我们恍惚回到童年，看到那个在课堂上或读书或打盹的幼小的自己。

学堂　莫高窟第12窟　晚唐

❀ 龙食
真好吃

在"二月二"这个吉祥喜庆的日子，民间饮食多以"龙"为名。面条不叫"面条"，称作"龙须面"；水饺称作"龙耳""龙角"；米饭称作"龙子"；面条、馄饨一块煮叫作"龙拿珠"；吃猪头称作"食龙头"。一切均取与龙有关的象征与寓意，寄托着人们祈龙赐福，保佑风调雨顺、五谷丰登的美好愿望。

斋僧食品　莫高窟第 236 窟　中唐

斋僧食品　莫高窟第 159 窟　中唐

　　敦煌壁画见证了久远而丰富的传统文化。二月二的民间习俗，
都能在壁画中看到相似的图像。它既是我们习以为常的"龙抬头"，
也能让我们驰骋想象，仿佛身处千年壁画的时光情景中：或许正在
赶牛耕种，或许正在剃头修面，或许正在对着课本"之乎者也"，
或许正夹起一只热乎乎的"龙耳"送进口中……

春分

今夜偏知春气暖
虫声新透绿窗纱

春

分

一千岁的鸟长啥样

敦煌文献《应机抄》对春季、秋季物候有这番描述："夫鸟巢不厌高，鱼潜不厌深；春气发而百草生，秋气发而万物成。夫阳春自和，生长者未必俱忻；阴秋自凄，凋落者未必尽恐。春气暖而玄鸟至，秋风扇而寒蝉吟，时使之然。"

"春江水暖鸭先知"，鸟禽自带对气候变化灵敏的感知系统，向来是生态环境的晴雨表。在春暖花开时，带一本《鸟类图谱》出门，可以认识不少鸟。鱼游于水，鸟栖于树，越是雨水丰沛的地方，越适合草木生长，越能吸引更多禽鸟前来遛弯儿。

但这也不是万无一失的定律，就有非常事件发生在气候干燥、降水量少、不宜植物生长的戈壁荒漠——敦煌没有"小桃灼灼柳鬖鬖""雨晴风暖烟淡"的温润春色，那是江南才有的明丽和清新，却并不妨碍"我偏要不走寻常路"的鸟类来到敦煌。在莫高窟，壁画上早就留下了丰富的鸟类形象，下面这些鸟的年纪可都

逐戏鹦鹉　榆林窟第25窟　中唐

在一千岁上下。

　　莫高窟第 249 窟壁画里，站在山石上的狒狒向远处瞭望，在它的上方，虚空之中一只玄鸟在飞。山中一只鹿也举首张望着天空中的动静。它们都从不同视角共同关注着须弥山上的美妙奇景。

狒狒与玄鸟　莫高窟第 249 窟　西魏

莫高窟第 435 窟的白鹅藏在窟顶的平棋图案中，中心方井当作水池，以绿色来表示，中间画一朵莲花图案。在方井相对的两角各画出一只白鹅，富有生活情趣。

莫高窟第 285 窟"五百强盗成佛"中的小品，莲池中长着枝枝花蕾，小鸭在池中闲游，鹭鸶独立于水中，在梳理羽毛。画师用悠闲的动物衬托出强盗皈依佛法时的祥和气氛。由鹦鹉和忍冬纹样组成的龛楣图案中，两只鹦鹉立于花蕾之上，红嘴红爪，浅蓝色羽毛。在佛教本生故事中，鹦鹉通常是知恩图报的仁禽。

莫高窟第 420 窟的壁画中描绘了释迦牟尼说《法华经》时，各种禽鸟前来围绕释迦听法。这些禽鸟都流露出对佛法崇敬的情态。

白鹅 莫高窟第 435 窟 西魏

水鸟　莫高窟第285窟　西魏

鹦鹉　莫高窟第285窟　西魏

群鸟听法　莫高窟第 420 窟　隋

　　莫高窟第 332 窟涅槃经变中，两只为佛致哀的孔雀。一只尾羽高举、两翅扇动、显得焦躁不安；另一只看似平静，但眼神悲哀。在造型上与早期所画的孔雀比较，装饰意味淡化，显得更加真实细腻。

　　莫高窟第 148 窟观无量寿经变中，两只鹤在七宝镶嵌的地面上翩翩起舞，其中一只引颈长鸣，莲池中有玩耍的儿童和成双成对的鸳鸯。有趣的是还有两个为鹤伴奏的小童，成为一幅孩子和小动物是好伙伴的温暖画面。

双孔雀　莫高窟第 332 窟　初唐

双鹤起舞　莫高窟第 148 窟　盛唐

莫高窟第 360 窟的壁画中，两只白天鹅站在莲池小岛上，曲颈挺胸、舒展双翅。在绿色池水上直接以厚重的白粉塑造形象，轮廓内细部描写已经褪去，看起来像"剪影"一样。

天鹅　莫高窟第 360 窟　中唐

《涅槃经》说：当佛涅槃之时，各种动物都发出悲鸣。莫高窟第 158 窟涅槃经变中，大雁从远处飞来，嘴衔花苞，向佛作鲜花供养，表示哀悼与敬仰之情。大雁的眼神中有几分惊愕与悲哀，凸显出致哀的主题。

莫高窟第 249 窟画有在虚空中飞翔的凤鸟，低声鸣叫，后尾生有雉翎，尾羽高高飘起。

衔花的大雁　莫高窟第 158 窟　中唐

凤鸟　莫高窟第 249 窟　西魏

莫高窟第9窟劳度叉斗圣变中，画一条巨龙作奔跑状，上方有一只金翅鸟。这是表现外道劳度叉变成一条毒龙，与佛弟子舍利弗斗法，舍利弗变为一只金翅鸟，啄其眼，裂其身。画面紧张激烈，画面精细，造型生动。

金翅鸟斗毒龙　莫高窟第9窟　晚唐

莫高窟第249窟的千秋长命鸟，在虚空流动的星云间展翅而飞，应为导引护送升仙的人面鸟，抑或是中国远古神话中的东方神句芒。传说青鸟是为西王母取食传信的神鸟，它昂首挺胸、鼓翅举尾，与朱雀、玄武等中国古代神话中的瑞禽神兽共舞于佛窟之内。诸多的鸟类在敦煌壁画中，灵动了无数个春天，也和众多其他物种一起，构成了一个浩瀚的生灵世界。

莫高窟作为荒漠戈壁中的一小片"绿洲"，当春暖花开的时候，会有不少鸟儿从他乡赶来。自春分后，在昼长夜短的日子里，于这片绿洲上啜饮、筑巢、嬉戏，生生不息，与人类和谐共生。

千秋长命鸟　莫高窟第 249 窟　西魏

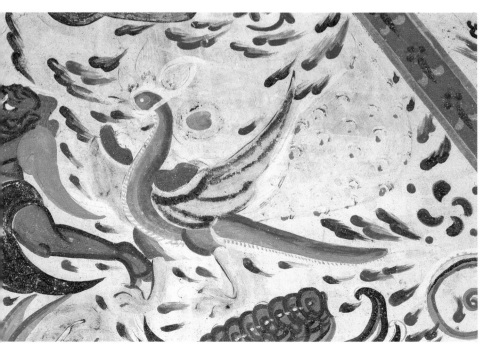

青鸟　莫高窟第 249 窟　西魏

清明

万物生长此时
皆清洁而明净
故谓之清明

清明

关于寒食和清明，这5个习俗90%的人不知道

敦煌岁时节令

Time And Seasons Of Dunhuang

去冬节一百五日，即有疾风甚雨，谓之寒食。春分后十五日，斗指乙，则清明风至。万物至此，皆洁齐而清明矣。

寒食在仲春之末，清明当季春之初。寒食、清明本不是同一个节日，但日期相近。唐朝时两节就有并称，许多寒食节的传统也已融入清明。除了我们已知的祭祖扫墓、禁烟冷食、荡秋千等习俗，还有诸多鲜为现代人所知的节日活动。

❀ 朝廷可享 4 天小长假

从 2008 年开始，我们有了清明节 3 天的法定假日，然而寒食清明放假，可不是 2008 年才出现的，早在 1300 多年前的晚唐时期，就已经有明确的"放假记录"。

敦煌文献《进奏院状》记载，晚唐时沙州赴京请旌节者反馈报告说："五日遇寒食，至八日假开。"朝廷把寒食、清明两节拉通，从初五到初八放假，这可算得上是实实在在的小长假了。

敦煌文献 S.1156《进奏院状》

🏵 敦煌寺院　用酒祭拜

　　清明节上坟祭拜的习俗古已有之，隋代大业年间就有"寒食日持酒食祭墓"的习俗。到了唐代成为定制，《旧唐书·玄宗纪》记开元二十年五月，"寒食上墓，宜编入五礼，永为恒式"。

　　扫墓这事儿在民间流行，官府亦不例外，连敦煌寺院中也行扫墓之风。在寒食清明来临之前，寺院就会提前支出面、油、粟等，制作供品，设祭拜盘，买纸做楮钱，祭拜对象自然是已故的大德高僧。

　　让人意外的是，此件文献记载寺院并不避讳用酒。敦煌文献《净土寺入破历》记："粟壹硕肆斗，卧酒，寒食祭拜及修园用。"类似这样的记载很多，说明即使是寺院寒食节也可用酒祭拜，清理修整墓园同样以酒招待。

墓园　莫高窟第 454 窟　宋

敦煌文献 P.2049v《净土寺入破历》

❀ 寒食宴饮　一面多吃

在敦煌藏经洞出土的北宋初年的敦煌衙府账目上，我们发现了古人在寒食节宴席中准备的各种面食；其中有胡饼（类似今天的馕）、截饼（类似今天的油炸果子）、馎饦（类似今天的揪面片）、蒸饼、灌肠面等，花样繁多，不一而足。

敦煌文献《使衙油面破历》中记录了寒食节宴饮的用面总数，比二月八行像时要多出数倍，可以说是一场别开生"面"的节日盛宴了。除了吃面，寒食还设酒招待，节日期间用酒量亦是相当可观。

可见，古时寒食民间禁火三日的规定，挡不住小长假相聚宴饮的脚步。

备食　莫高窟第 61 窟　五代

❀ 寺院设乐　官民共赏

　　古代敦煌寒食于寺院中设乐表演，城内官员百姓携家带口前去观赏，既有对亡者的追思，也有生者欢悦的相聚。所以说，不是所有的寒食、清明都一定要眼里噙着悲伤。

　　敦煌文献《龙兴寺毗沙门天王灵验记》记载："大蕃岁次辛巳（801）闰二月廿五日，因寒食，在城官僚百姓，就龙兴寺设乐。寺卿张闰子家人圆满，至其日暮间至寺看设乐。"龙兴寺为沙州第一大寺，在敦煌寒食清明的活动中扮演着重要角色。

敦煌文献 S.0381c《龙兴寺毗沙门天王灵验记》

宴饮　莫高窟第146窟　五代

❀ 芳春美景　不可辜负

清明适逢芳春盛景，错过又要再等一年。古人尤其不能对春景视而不见，寒食、清明郊游是他们寄情于自然的一枚邮票。彼时人们不能微信相邀，往复书信是最好的办法。

来信说："时候花新，春阳满路。节名寒食，冷饭三晨。为古人之绝烟，除盛夏之温气。空贵渌酒，野外散烦。伏惟同飨先灵，状至，速垂降驾。谨状。"

回信答："喜逢嘉节，得遇芳春。路听莺啼，花开似锦。林间百鸟，啭弄新声。渌水游鱼，跃鳞腾鱟（窜）。千般景媚，万种芳菲。蕊绽红娇，百花竞发。欲拟游赏，独步悕之。忽奉来书，喜当难述，更不推延。寻当面睹，不宣。谨状。"

简单说便是——我有远方也有酒，你有故事吗？

春山踏青　莫高窟第 217 窟　盛唐

谷雨

谷雨春光晓
山川黛色青
桑间鸣戴胜
泽水长浮萍

滋养生活理想

敦煌文献《咏廿四节气诗》中写道："谷雨春光晓，山川黛色青。桑间鸣戴胜，泽水长浮萍。暖屋生蚕蚁，喧风引麦亭。鸣鸠徒拂羽，信矣不堪听。"

谷雨节气，用一场雨宣告春季余额不足。此时田野绿了，鸟鸣山涧，泽长浮萍。风早已经是温润的了，人在其中所接收到的，也不再是初春时的"复苏"，而是可将人柔柔抱住的"暖"了。

这是生命的阳气，对人对动物对植物是同样的提携和牵拉。之后的日子，会有股力气在拽着我们往前走、往上奔。人在路上，理想在前方，仿佛忘却生命之中还有寒冬。

❀ 雨生百谷　播种希望

汉代文献《孝经纬》曰："清明后十五日，为谷雨，言雨生百谷，物生清净明洁也。"谷雨时节，寒潮天气基本结束，气温回升加快，有利于谷类农作物的生长，是播种移苗、掩瓜点豆的最佳时节。

植百谷以养世人，是农耕者赋予粮食的最高理想，也是整个中华民族长久以来的信仰。在敦煌壁画中不难寻觅这样的场景——耕者忙碌于天地之间，天上落雨，地上生芽；人在其中感受到双重力量，踏实而笃定。

雨中耕作　莫高窟第 23 窟　盛唐

浴桃花水　消灾避祸

　　谷雨时的河水也非常珍贵。仲春时节，桃花盛开，春风拂过，花瓣落入水中。民间传说，以桃花入浴，可以消灾避祸。

　　于是在谷雨节气来临时，河边便会有"洗澡盛宴"上演。人们载歌载舞，共享谷雨狂欢。他们相信，洗过谷雨澡，万事如意烦恼少。他们还相信，这雨中自有天意，是上天赐予的生命活力。

　　还有一种说法，用"桃花水"洗浴，可以美容护肤——桃花中蕴含的山萘酚成分，有美容护肤作用，能增强皮肤营养供应。这大概就是我们今天所谓的"有机护肤"吧！

水中嬉戏　莫高窟第 148 窟　盛唐

❀ 煮茶听雨 难得自在

清明、谷雨节气，都是新茶采收的好时节，清明茶和谷雨茶同为茶中优品。

明前茶好看，但不经泡；而谷雨茶虽汤色橙黄不如明前茶通透明亮，但香气更加浑厚，回味更加绵长。因此会有明朝茶人、学者许次纾在《茶疏》中讲："清明太早，立夏太迟，谷雨前后，其时适中。"对应民间谚语"谷雨谷雨，采茶对雨"，方知谷雨茶珍贵。

谷雨时节，温度适中，雨水滋润，茶树已经经过半年时间的休养生息，翠绿欲滴，叶肥汁满，看上去十分可爱。这时采摘的茶细嫩清香，富含多种维生素和氨基酸，滋味最是清香鲜活。此时不饮茶，便是枉费大自然的美好馈赠。

都说二十四节气是农耕时代的古人智慧，每一个节气对应一种耕作或生活的锦囊妙计；而在今天看来，它不只是关于生存层面的"法典"，更是关于精神层面的"指南"。如果春末的你春困未尽，在今天观田、沐浴、听雨、煮茶，思考思考人生，好好清醒一番。毕竟，谁没点"不负春光不负己"的理想，并为之暗自下过注呢？

立 夏

万物至此皆长大

酒碗一呷，信步天涯

立夏

虫鸣绿野，美酒醇香

《孝经纬》有云："谷雨后十五日，斗指东南，维为立夏。"万物至此皆长大，故名立夏也。在天文学上，立夏表示告别春天，由此开始进入夏天。此时气温明显升高，雷雨增多，农作物生长旺盛。

一候蝼蝈鸣，二候蚯蚓出，三候王瓜生。这一天，小虫蝼蝈（即蛞蝼蛄，一说为蛙）在田间鸣叫；五天之后，蚯蚓从大地里探出身子掘土；再过五天，王瓜的藤蔓开始快速攀爬生长。

夏日到来，行走在一片蔚然的绿色中，槐香暗度、虫声日盛，不觉振奋起来。日渐长，有大把时间投入工作；夜渐短，需要小酌一杯安放心情。店家把餐桌从室内挪到户外，整条街道都热闹起来，空气中弥散着佳肴美酿的香味，不妨借着习习微风来一次畅畅快快的相逢。

作为古代东西方文化交流的丝路重镇，敦煌当然从不缺少醇香的美酒。在敦煌壁画和文献里，与爱酒的古人相遇，那酒香穿越千年飘然而至，教人舍不得醒来。

商队　莫高窟第 296 窟　北周

长河落日　莫高窟第 320 窟　盛唐

❀ 立夏酿酒　敦煌负盛名

作为河西地区的重要商贸集市，敦煌商业兴盛，手工业发达，酿酒业更是历史悠久。

早在魏晋时期，敦煌酿酒业已负盛名。《魏书·胡叟传》记载："叟少孤，每言及父母，则泪下，若孺子之号。春秋当祭之前，则先求旨酒美膳……时敦煌氾潜，家善酿酒，每节，送一壶与叟……论者以潜为君子矣。"

敦煌盛行饮酒，所以酿酒业也相对发达，高档的是葡萄酒，流行的是青稞酒，还有粟酒，等等。酿酒专业户中，分官酒户、寺院酒户以及众多的私人酒户。私人酒户一般采用传统的卧酒法，即将蒸煮后的麦、粟发酵，产生酒液，这种酒的酒精浓度较低。

敦煌壁画还出现了酿酒的画面，榆林窟第3窟的酿酒图是目前所见最早的蒸馏法酿酒技术。在酒锅上有一套方形套叠的蒸馏设备，从而大大提高了酒的浓度，得到较为纯净的烧酒。

酿酒　榆林窟第3窟　西夏

● 酒肆林立　饮美酒消夏

　　唐宋时期敦煌地区饮酒蔚然成风。

　　酒不仅是官府迎来送往的礼物，也是民间社团的集会必备。到了岁时节令的庆典活动或喜庆之日，更是要畅饮庆贺。在敦煌，酒还有一项特殊的社会功能，即奖惩之用。

　　饮酒之风盛行，经营酒肆又比务农利润大得多，促使敦煌形成了大大小小各种私人酒店。敦煌文献记载，吐蕃时期的敦煌僧人龙藏先前务农种田生活拮据，改行经营酒店后便成了小康人家。在利益的驱动下，敦煌的酒肆比比皆是。

　　敦煌壁画中的酒肆画面从盛唐到五代均有绘制。露天酒肆多设在宽敞的园圃中，在花树环抱的树荫下，人们坐在长形酒桌两边的条凳上开怀畅饮，同时还欣赏歌舞表演。敦煌文献中记有"南园""北园""东园"，为招待来客和设宴之处。在南宋耐得翁的《都城纪胜》

帐篷酒肆　莫高窟第 12 窟　晚唐

中，又名之为"花园酒店"，多设于城外，或利用城中原有的园馆。虽然设施简单，但因有花草树木相伴，显得颇具雅兴。

帐篷酒肆以简易的布幕帐篷搭成，更大众化，更接地气。百姓来此任意喝上一碗，称作"打碗"。这里可以随时售卖零酒，因此也叫"散酒店"。

隋唐之时，人们在迎送客人时，多挑食携酒，在城外设宴，所谓"长亭更短亭"，后来，亭子便成了郊游设宴的处所之一。亭子酒肆档次较高，多为仕宦阶层来此消费，往往设在一间庑殿顶、带鸱吻的亭子内，装修豪华。亭外宾客以歌舞敬酒，亭内围坐的酒客群中还有乐队演奏。

林深树密虫鸣处，时有微凉不是风。

立夏之夜，坐听虫鸣，举杯邀月，别有一种抒怀的风景。

相识也罢，不知也好，抹不去少年时的一场相逢。

小满

物至于此
小得盈满

小满

南风雨落，乘兴徘徊

敦煌岁时节令

Time And Seasons
Of Dunhuang

元代吴澄《月令七十二候集解》称：“四月中，小满者，物至于此，小得盈满。”小满，带着将熟未熟的青涩，有着盈又未盈的婉约。枇杷黄了，槐花落了，清晨行走在渐黄的麦田里，微风徐来，吹走这夏天的暑气。

“满”，既是籽粒之熟，也是雨水之盈。

自古以来，小满都是农事生产至关重要的节气。北方夏熟作物的籽粒开始灌浆饱满，但还未成熟；南方正值栽插水稻的时节。于是，小满又被赋予了雨水之盈的寓意。

南方有“小满不满，干断思坎”“小满不满，芒种不管”的民间谚语。小满时田里如果蓄不满水，就可能造成田坎干裂，甚至芒种时也无法栽插水稻。

不难看出，“小满”的雨水正如这两个字，不溢不亏刚刚好。

赛青苗神

古时敦煌每年四月举行一次赛青苗神。青苗神是农业社会重要的信仰与崇拜，中国民间主要祭祀的神祇，而赛青苗神的时间，往往在禾苗生长的小满前后。

敦煌文献《归义军衙府纸破历》中记载了当年赛青苗神的用度支出：“（四月）九日赛青苗神用钱财纸壹帖”“（四月）十六日赛青苗神支粗纸壹帖”“（四月）十三日赛青苗神用钱财粗纸壹帖”。

敦煌文献《衙府账目》中记载，“（四月）准旧赛青苗神食十二分，用面叁斗陆升，油贰升肆合”，又“赛青苗抄面贰斗”。

从敦煌文献中可以看出，人们在小满前后举行赛青苗神，要设供品、烧纸钱，以此祈佑好收成。这种自然崇拜的习俗自古有之。《诗经·小雅·甫田》：“琴瑟击鼓，以御田祖，以祈甘雨，以介我稷黍。”田祖是第一个耕田者，在开始耕作时，祈赛田神，以祈护佑。

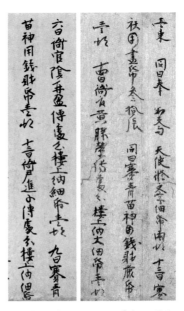

敦煌文献 P.4640v《归义军衙
府纸破历》

广行雨师之祭

　　古时，就有了小满前后行雨师之祭的传统。雨师的祭祀，在秦
汉时已列入国家的祀典。《隋书·礼仪志》记载：每年于立夏后的
申日，在长安城金光门外设坛祭祀雨师。

　　从唐至北宋，敦煌每年立夏后的申日都会行雨师之祭，敦煌文
献《祭雨师文》中明确记载："敢昭告于雨师之神：惟神德含元气，
道运阴阳，百谷仰其膏泽，三农桒（资）以成功，仓（苍）生是依，
莫不[咸]赖。谨以制弊（币）礼（醴）荐，桒盛庶品，祗奉旧章，
式陈明荐！作主侑神。"

　　敦煌地区气候本就干旱少雨，当地的绿洲农业更是离不开水，

敦煌文献 S.1725v《祭雨师文》

因此对雨师的祭祀也就更为虔诚。古代敦煌人不仅每年按例行雨师之祭，还将雨神的形象绘制到了敦煌壁画当中。

🏵 图绘雨神之形

《山海经》记载，有神名叫计蒙，住在光山上，龙首人身，其出入时必飘风暴雨。据说计蒙就是雨师。莫高窟第285窟壁画中，已有这种人兽合体的雨师形象。此神龙头人身、兽爪双翅，挥臂张口，边在空中飞行、口内吐出长练，边向人间降雨。

另一类能够兴云布雨之神是龙王。榆林窟第25窟弥勒经变中，弥勒三会说法后回翅头末城时，大力龙王多罗尸弃在清晨飞行空中，降下细雨使道路润泽。大力龙王的形象被描绘成一条昂首挺胸的神龙。

雨师　莫高窟第 285 窟　西魏

　　莫高窟第 36 窟壁画中的龙王均是人身龙尾，或捧供盘或执笔，率众眷属在大海中行进。海中涌现珊瑚、莲花和摩尼宝珠。世传大海龙宫盛产宝物，龙王赴会时诸宝涌现，于此可见一斑。

　　龙王也是护法神天龙八部之一，榆林窟第 16 窟的龙王，完全被描绘成了人身的武士形象。他身穿铠甲，头顶神龙，怒目圆睁，刚健威武。

龙王礼佛　莫高窟第 36 窟　五代

　　在壁画里的雨师和龙王形象中，我们不难感受到古人对司雨之神的信仰，从中也可以窥得雨水在"靠天吃饭"的农耕生活中的重要地位。直至今日，耕于田间的人们依然怀揣着对自然最虔诚的敬意。

　　小满时分的雨，既不像春天星星点点般稀疏，又不如盛夏倾盆如注的凶猛，正所谓"不溢不亏刚刚好"。此时的气象，不仅是农作物的需要，亦是从古至今中国人从劳动中汲取的生活智慧与处世哲学。所谓"月满则亏，水满则溢"，"小满"正是人生最好的一种状态。

　　绿遍山原白满川，子规声里雨如烟。小满时节，刚好遇见你，一同赏烟柳画桥、十里荷塘。不妨煮一壶新茶、读一首好诗、留一点时间给这片刻的美好。

龙王　榆林窟第 16 窟　五代

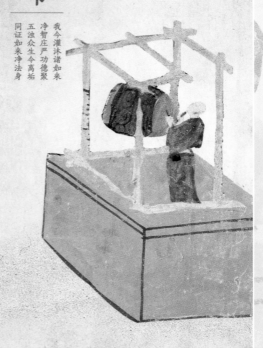

佛诞节

我今灌沐诸如来
净智庄严功德聚
五浊众生令离垢
同证如来净法身

浴佛，洗心

佛诞节

北宋孟元老的《东京梦华录》里，有一句描写宋徽宗时期京城四月初八的景象："十大禅院各有浴佛斋会……迤逦时光昼永，气序清和。"体味起来，很是动人。

四月初八，正是释迦牟尼的生日，古时此日寺院会举行盛大的法会，僧尼和香客们以鲜花灯烛广做供养，以香汤沐浴佛像。人们争做布施、放生、求子等祈愿活动。古往今来，敦煌人将四月初八视为一个重要节日，纪念佛诞的佛教节日演变成异彩纷呈的庙会，经常会持续数天之久，他们举办浴佛斋会、烧香礼佛，欢庆佛诞的同时留下一番美好的祈愿。

● 壁画
悉达多沐浴灌顶

释迦牟尼出生于公元前 6 世纪某年的四月初八，是古印度迦毗罗卫国（今尼泊尔境内）王子，本名悉达多。传说释迦牟尼降生时一手指天、一手指地，大地为之震动，九龙吐水为之沐浴。佛教徒常以浴佛等方式纪念佛祖诞辰，因此也衍生出形式各异的浴佛节民俗活动。

敦煌壁画中就有龙王为刚出生的悉达多王子灌顶沐浴的画面。莫高窟第 76 窟壁画中，画有八塔变，其中南侧上层南起第一铺画悉达多王子诞生，一龙乘彩云而下为他沐浴的生动场景。莫高窟第 290 窟壁画中，九条龙紧紧围绕悉达多太子喷出冷水和温水，这就是释迦牟尼降生故事中的"九龙灌顶"。

九龙灌顶　莫高窟第 290 窟　北周

🌸 文献
四月八日布施供养

　　敦煌文献中，关于四月八日最早的记载，出现在敦煌研究院藏北魏
兴安三年（454）《大慈如来告疏》中："四月八日常出教化诸众生，悉……
布施一餐受我（饿）者……"从这段记载可以看出，古人在四月八日佛
诞日时布施，使有需要的人免于饥饿。

　　对于四月初八民众所进行的活动，敦煌文献《四月八日、二月八日
功德法》中也有记载："自今以后，诸佛弟子道俗众等，宜预择宽平清
洁之地，修为道场。于先一日各送象（像）集此，种种伎乐、香花供养，

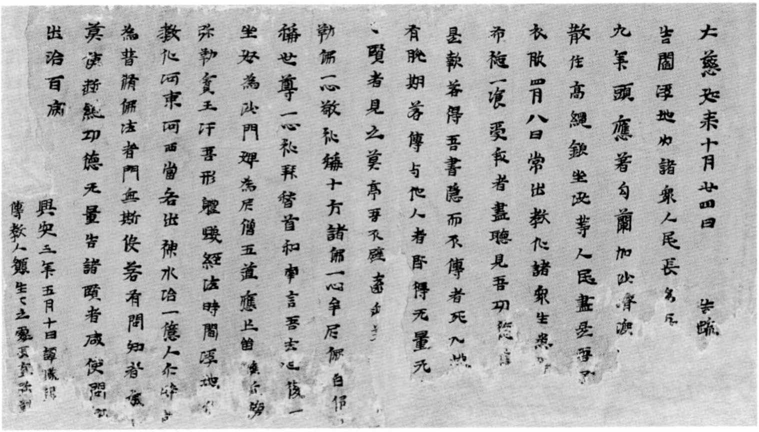

敦煌文献敦研 007《大慈如来告疏》

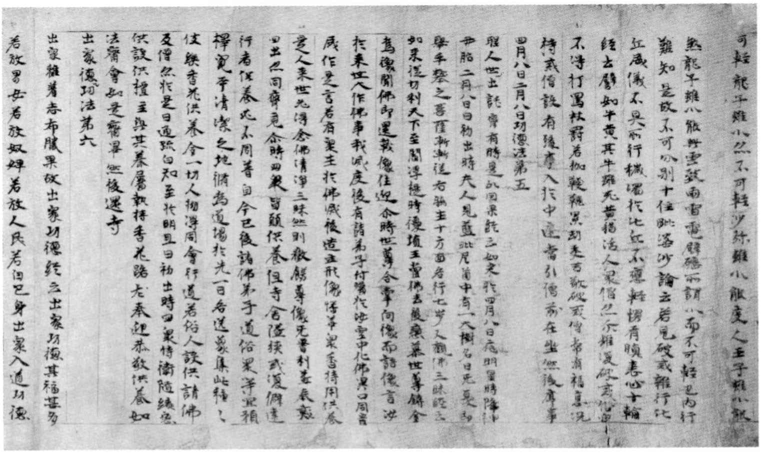

敦煌文献 P.2081《四月八日、二月八日功德法》

令一切人物得同会行道。若俗人设供请佛……檀主与其眷属，执持香花，路左奉迎，恭敬供养，如法斋会。如是斋毕，然后还寺。"由此可见四月初八道场大会以供养佛像为主的一系列隆重仪式。

● 节日
敦煌人相聚盛会

　　敦煌人将四月初八浴佛节看作不寻常的一天。

　　对他们而言，这不仅仅是一个有着佛教定义的浴佛节，也是敦煌乃至河西地区的民间节日，相因成俗，历代相传。拍摄于清末（1908）的照片，记录了一个多世纪前敦煌当地民众在浴佛节举办庙会、欢庆佛诞日的情景。50 年以后，人们的穿着变化了，莫高窟前的四月初八盛会依然热闹。

　　今天，四月初八浴佛节不仅是传统礼佛庙会，更是敦煌人聚会的日子。家家户户老老少少天还没大亮便相约出发，带上食物往莫高窟而来。在九层楼前，他们烧香礼佛，祈求幸福，直至中午，人群仍未散去。在这里，当地百姓对佛诞日的庆祝已然和世俗生活融为一体。花前树下，他们聚集在一起叙旧，一些社区乐团、戏社还

1908 年的四月初八庙会

1956 年的四月初八庙会

带来了器乐，接上了音响，放开嗓子，唱几首曲子戏，吼上一阵秦腔，不亦乐乎。

除了热闹的庙会，每年四月初八还有"钻观"的民俗。这是藏在莫高窟第96窟（九层楼）大佛背后的"奥秘"。绕佛本是敬礼行为之一，"稽首佛足，右绕三匝"；又是有功德的吉祥之举，"如礼敬佛，右绕三匝，佛眉间白毫右旋婉转，总以右旋为吉祥"。佛诞节当天，大佛背后的通道会打开，人们排队从右侧开始，顺通道绕行三圈，以示礼佛祈福。

时光变迁，有些东西被保存下来，未被岁月侵蚀却愈发隽永，比如信念，比如感恩，比如希望，都是对美好的向往。

浴佛，不单纯是一个民间的节日、盛会，更重要的大概是一次内心的憩息，是佛祖释迦牟尼留给匆忙奔波的我们一个观心的停顿。

芒种

村野风日晴妍
农人刈麦山前

芒种

青梅煮酒，刈麦山前

元代吴澄《月令七十二候集解》记："五月节，谓有芒之种谷可稼种矣。"芒种意味着仲夏时节的正式开始，此时雨量充沛，气温显著升高。

一候螳螂生，二候伯劳始鸣，三候反舌无声。这一天，从去年深秋就一直沉睡的小螳螂破壳而出；五天之后，喜阴的伯劳鸟开始在枝头激昂鸣唱；再过五天，百舌鸟却因感应微升的阴气而停止鸣叫。

对于农人而言，芒种意味着"样样都忙"。麦秋桑叶大，梅雨稻田新。一边是夏熟作物的成长到达巅峰，急需收割；一边是夏播作物迎来最佳播种时间，逾期不候。

这段时间，更具"时机"的意味。无论是收获或是播种，都在抢时间、占时机。放眼望去，四野金黄人倍忙，唯有鸟儿田间唱。

● 敦煌有芒

我们原以为，敦煌的地理位置以及气候因素会阻碍农业的发展。但敦煌恰恰突破了我们的想象，它是戈壁上的一方绿洲、荒芜中的一颗明珠。作为千年前的丝路重镇，无论是农业、畜牧业、手工业，还是商业，都相当发达。

唐朝时，敦煌粮食不但自给，还是拓边军粮的供应基地。彼时的敦煌，农作物以小麦为主，还有种植大米的记载，壁画上有少数用黄牛耕种水田的画面。据敦煌藏经洞出土文献记载，当时还种植粟、糜、豆类以及麻、棉等作物。

● 刈麦很忙

"田家少闲月，五月人倍忙。夜来南风起，小麦覆陇黄。妇姑荷箪食，童稚携壶浆。相随饷田去，丁壮在南冈。足蒸暑土气，背

余時一種亦雜用功甚必所得甚麥余時該勸世程
士雅

割麦扬场　榆林窟第20窟　五代

扬场　莫高窟第61窟　五代

灼炎天光。力尽不知热，但惜夏日长。"这是白居易眼中的刈麦场景，这番持续在线的忙碌状态，在敦煌壁画中也有直观的表现。

榆林窟第 20 窟弥勒经变中，为了表现未来一种七收的美好愿景，绘制了农人收割和扬场的情景。画面下部两位农夫手持镰刀正在割麦，上部一农夫手持木锨扬场，一农妇执帚掠草扫场。在莫高窟第 61 窟壁画中，同样绘有扬场的生动画面。农妇以小巾覆髻，站在凳上持簸箕当风扬场，农夫手持扫帚在扫掠秕草。民间谚语："风中扬谷，秕者登先。"顶风扬谷时，腹中空空的秕子先被扬到了前边。所以，不必在意浮夸虚华者的一时招摇，有真才实学者向来沉稳不露锋芒。

● 山间耕牧

农忙之时，不仅农人要付出大把汗水，耕牛也不辞辛苦，风里雨里为收获服务。莫高窟第 321 窟壁画中，山下有人正在收割，山间几头耕牛于劳作间隙饮水休息，展现出一派农忙景象。

山间耕牧　莫高窟第 321 窟　初唐

◉ 田间小憩

芒种时节，绣女出房，田间地头最是人多。午饭之时，席地而坐，话几句家长里短，冲淡了紧张劳作后的些许倦意。莫高窟第23窟壁画里，描绘了一家三口于田间就餐的温馨场面。三人中间放一大盆，母亲左手托碗，右手放于胸口，正在说话；孩子双手捧碗，侧耳倾听；父亲左手端碗，右手拿筷，吃得津津有味。虽是粗茶淡饭，一家人却过得其乐融融。

田间小憩　莫高窟第 23 窟　盛唐

自古以来，芒种都是一年中最繁忙的时节。此时若是偷懒一会儿，之前所有的付出就可能化为乌有、惨淡收场；如果及时收割、及时播种，便会成为一个圆满的结局。

艳阳辣辣卸衣装，梅雨潇潇涨柳塘。

夕阳西下，荷锄归家，饮一杯梅酒，消解掉一天的疲惫。

万物于春天懵懂苏醒，于夏日恣意生长，待到金秋时，能否实现当初的美好期盼？

端午节

端午临中夏
时清日复长

端午节

—— 寻找千年前的仲夏雅趣 ——

敦煌岁时节令

Time And Seasons
Of Dunhuang

农历五月初五端午节，也叫重午节、端阳节、天中节、浴兰令节。端午是古老的传统节日，始于中国的春秋战国时期，至今已有2000多年的历史。

关于端午节的由来众说纷纭，有纪念屈原之说，也有纪念伍子胥、纪念孝女曹娥之说，以及起源于古百越族祭龙祖之说。其中最广为人知的，还属纪念屈原之说。

五月亦有"恶月"之称。《礼记·月令》曰："是月也，日长至，阴阳争，死生分。"《说文解字》说："午，悟也。五月阴气忤逆阳，冒地而出也。"因此，端午节的诸种习俗，多从避恶禳灾出发。

赛龙舟、吃粽子、喝雄黄酒、戴花绳……古人端午的节目多多，尤其在丝路重镇敦煌，端午习俗非常丰富、雅趣十足。

● 操舟弄潮最热闹

一人摇橹晃扁舟，两人撑篙水上漂。在敦煌壁画中，保存了大量的古代舟船图像；从公元6世纪至13世纪，时间跨度近700年。船的款式由简入繁，多达10余种。

摇橹帆船　莫高窟第323窟　初唐

双尾楼帆船　莫高窟第 468 窟　晚唐

单是这些水上操舟画面，就可以串起一部丰富有趣的舟船史。

现在，各地每逢端午都举行热闹的龙舟比赛，大家生龙活虎挥舞船桨的样子，不就是古代壁画里水上划船的加强版吗？

● 粽糕入口最香甜

一块粽糕香糯，共叙端午良辰。

古人也不例外，敦煌文献开卷可见香甜弹牙的粽子。敦煌文献《端午相迎书》记载："达（幸）逢嘉节，端午良晨（辰）。有慰同僚，何以申展，空备团粽，辄敢谘邀，状至幸垂过访。谨状。"用今天的话说便是：朋友你端午佳节到访，我很开心，虽然没准备什么豪华酒席，但粽子绝对管饱！

敦煌的端午节食品是团粽。由于敦煌不产菰叶，亦不产可以包粽子的箬叶，所以每年端午便把糯米先煮成熟饭，然后放在一个浅容器内摊平，还可撒些红枣之类的配料，上面加以重压，使其黏结成型，当地又称粽糕。

敦煌文献 S.5636《端午相迎书》

互赠团扇最文艺

一把小扇在手，笑对仲夏酷暑。

今天若是有人身着布衣摇着折扇，必定会被打上"文艺范儿"的标签。在被风扇、空调霸占后的夏天，团扇也好、纸扇也罢，仿佛都成了古物。要是再专门向人讨个扇面，便成了文人墨客才有的雅趣。

赠扇相贺，是古代敦煌端午的重要官方礼仪。每到端午节前，衙府作坊忙于制扇，多是绘有图画的木柄纸扇。各样扇子不仅是一种消夏的用具，更是一件艺术品。端午一早赠予僚属，以示慰问，弘扬仁风。

敦煌文献《应用文范》中"端午日贺扇"称："蕤宾膺候，端午今晨，伏蒙鸿恩，各赐团扇，愿扬仁风。"

双凤团扇　莫高窟第196窟　晚唐

执团扇女供养人　莫高窟第 468 窟　中唐

● 饮酒闻香最安逸

端午恰逢仲夏时节，相聚畅饮，为的是与草木同兴，大家图个高兴。一杯雄黄酒，几分艾草香。隋代杜台卿《玉烛宝典》卷五引《春秋说题辞》描写道："若仲夏，物并长，故纵酒，人众聚。"

北宋苏颂《本草图经》云："五月五日饮菖蒲雄黄酒，辟除百疾而禁百虫。"古人认为雄黄能杀百毒、辟百邪，佩带则鬼神不近，入山林而虎狼伏，涉川水毒物不伤。雄黄酒因此成为辟除疾疠的"端午定制"，并将雄黄酒涂在小孩额头、耳根用以辟毒。

屋内有酒味，门户有艾香，端午用艾也是传统习俗。南朝梁宗懔《荆楚岁时记》云："五月五日，采艾以为人，悬门户上，以禳毒气。"那些悬插艾草的门槛，用沁心的艾香迎接端午的到来，传承着千年来百姓生活不变的传统。

● 登高滑沙最痛快

一起登高滑沙，体验古人之乐。

《礼记·月令》称："仲夏之月，可以居高明，可以远眺望，可以升山陵，可以处台榭。"敦煌端午登鸣沙山，正是此俗之遗风。敦煌文献《敦煌录》记载："端午日，城中士女，皆跻高峰，一齐蹙下，其沙声吼如雷，至晓看之，峭崿如旧，古号鸣沙，神沙而祠焉。"

端午小长假，何不来次说走就走的旅行！不妨跟随古人的步伐，去鸣沙山登高滑沙，在滑道上飞驰的簌簌声中，感受一番古人的快乐。

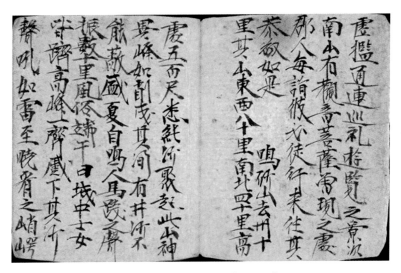

敦煌文献 S.5448《敦煌录》

佩戴彩绳最平安

一根五彩绳，百病随雨走。端午节的前一晚，大人会在孩子熟睡时，将五彩绳系在小孩的手腕和脚腕上。戴好之后不能随意乱摘乱丢，要等到端午后的第一场大雨，摘下来扔进河里随雨水冲走才行。老人们说："戴上五彩绳，虫子就不来咬你啦！摘下来扔到河里，雨水就把病都冲走了！"

敦煌古人还在这一天书写符咒，祈愿一切恶事速速离去。敦煌文献《杂抄》就随手写了这样一条端午寄语："五月五日天中节，一切恶事尽消灭。急急如律令！"

这样一个热闹的传统佳节，无异于一场仲夏时的清凉小憩。

古时端午，孩子们戴五彩绳吃粽糕，大人们喝雄黄酒插艾草；热爱户外的或水上弄舟，或登高滑沙；喜欢文墨的则饮茶制扇，思

敦煌文献 S.0799v《杂抄》

忖扇面上描一番怎样的景色……节目良多，各得其乐。

在流行"云吃饭""云喝酒"，想要什么外卖半小时全都有的今天，你还会不会在天明前去采一把带着露珠的艾草，悄悄给孩子们绑上有艾香的五彩绳，白天包几个充满爱意的粽子，静夜里摇起一把朴拙的团扇呢？

夏至

雨砌蝉花粘碧草
风檐萤火出苍苔

夏至

至

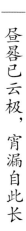

昼晷已云极，宵漏自此长

敦煌岁时节令

Time And Seasons
Of Dunhuang

夏至，二十四节气中最早被确定的一个节气。

公元前7世纪，华夏先人采用土圭测日影，确定了夏至节气的准确时间。这一天，是北半球各地全年白昼最长的一天。夏至之后天气越来越热，伴有雷阵雨或暴雨。

元代吴澄《月令七十二候集解》："夏，假也；至，极也。万物于此，皆假大而至极也。"夏至，是一年中阳气最旺盛的一天，此时万物的生长都达到了顶点。

一候鹿角解，二候蜩始鸣，三候半夏生。这一天，属阳的公鹿因感到阳气始衰而鹿角脱落；五天之后，雄性知了感受阴气滋生鼓翼而鸣；再过五天，药草半夏值此阴阳半开半阖之际开始生长。

从此，一年中最热的时节拉开了大幕。古时，往往于夏至之日祭神以求丰年。敦煌文献亦有不少相关的民俗活动内容，反映出敦煌当时夏至生活的地方特色。

洞石、翠竹、流云　榆林窟第2窟　西夏

● 赛驼马神

　　河西地区土地平旷、水草丰美，历来都是发展农牧业的沃土。骆驼在敦煌地区的作用更为明显，是当时沙州与西州、伊州、甘州、凉州等地往来的主要交通工具之一。人们穿越戈壁沙漠，常需备驼。因此祭祀驼马神、祈求驼马繁息，也是当地民众的心愿。

　　马神之祭，中国古已有之，可追溯到周代。《周礼·夏官·校人》曰："夏祭先牧。""先牧"即放牧者的祖神。敦煌文献《归义军衙府纸破历》记载："乙未年（899）五月十五日赛驼马神用画纸40张。庚申年（900）五月十四日赛驼马神用钱财粗纸壹帖（伍拾张）。"

驼队　莫高窟第420窟　隋

马夫与马　莫高窟第 431 窟　初唐

敦煌文献 P.4640v《归义军衙府纸破历》

敦煌的先牧之祭是一年两度，即孟夏与仲夏，这是异于中原之处。因为马群入泽是放牧开始，孟夏、仲夏又是水草最为丰美的季节，这时行牧祖之祭显然非常适宜。

　　赛驼马神的日子设在五月中旬，即仲夏之月。河西历代被视为驼马的牧养之地，对驼马神的信奉，充分反映了当地百姓对畜牧业的重视。

河边饮马　莫高窟第 301 窟　北周

饮马灌驼　莫高窟第 296 窟　北周

● 仲夏雩祀

　　夏至时节，人们特别关心降雨多少：一方面是"夏至逢雨三伏热"，一方面是"夏至雨点值千金"。雷雨暴雨不行，没雨大旱也不好。古代敦煌，于农历五月进行与水有关的赛神活动。

　　敦煌文献《归义军衙府纸破历》记：己未年（899）五月，"十一日赛神，支画纸叁拾张""廿三日百尺下赛神，支钱画肆拾伍张"；辛酉年（901）五月，"又同日（三日）鲁家泉赛神用画纸叁拾张""六日马圈口赛神用钱财纸壹帖（伍拾张）"。

敦煌文献《归义军衙府酒破历》载：五月"九日东水口神酒壹瓮""十八日……涧曲（渠）神酒壹瓮""廿八日……涧曲（渠）神酒伍升"。

五月如此频繁的赛神活动，大多在水边举行。此类赛神当为雩祀，即求雨之祭，为夏至日的常祀之一。《礼记·月令》称："仲夏之月，

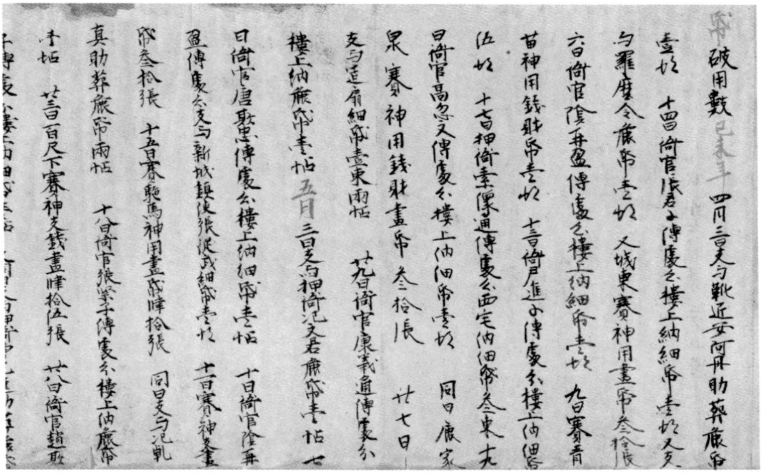

敦煌文献 P.4640v《归义军衙府纸破历》

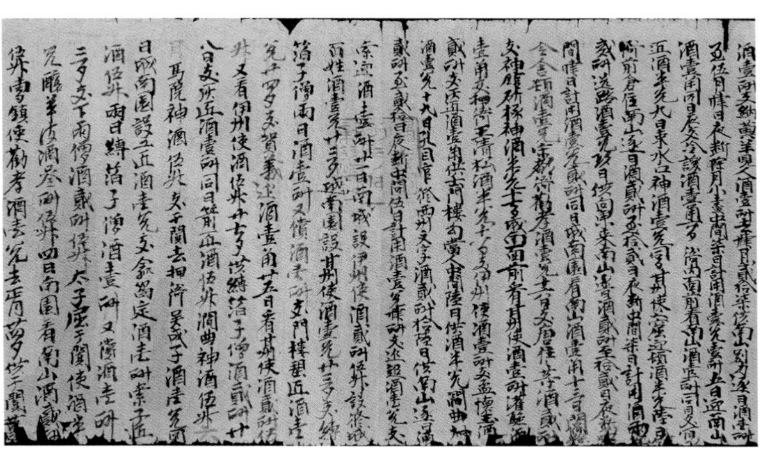

敦煌文献敦研 369《归义军衙府酒破历》

命有司为民祈祀山川百源……乃命百县雩祀。"五月是一年中阳气最盛之时，常常发生干旱，故由官方祭祀山川百源，为民祈雨。

唐代元稹在《咏廿四节气诗》中写道："处处闻蝉响，须知五月中。龙潜渌水坑，火助太阳宫。过雨频飞电，行云屡带虹。蕤宾移去后，二气各西东。"敦煌常年气候干旱，夏季更是酷热；所以此时举行赛神祈雨活动，反映出古代敦煌人面对自然环境生起的朴素愿望。

从阴阳流转、追求万物和谐平衡的自然时间节点，到祭祀神灵、

观日 莫高窟第 68 窟 盛唐

山峦　莫高窟第 23 窟　盛唐

弘扬民族文化的人文节日，对敦煌人来说，夏至写满了生活的热闹与期待。

狸奴几下偷翻书，何时听得蟪蛄鸣。

从芒种到夏至，不过是一朵花落一朵花开的时间。

紫阳花开，红云万重，这个夏天你与谁临窗听雨满怀期待？

小暑

何以消烦暑，端坐一院中
眼前无长物，窗下有清风

小暑

壁画消夏指南（上）

小暑是六月节。季夏时节正式开始，愈演愈烈的"热"，成了往后一两个月的关键词。每年的小暑，是夏至后的第二个庚日；待到下一个庚日，便是当年的伏日，一年中最热的时段终于来了。

韩昌黎大概是怕热的，他面对夏天，好像没有什么办法，只能感叹："自从五月困暑湿，如坐深甑遭蒸炊。"咳，五月开始我就被困在暑湿里喘不过气，和被闷在一口蒸锅里等着被蒸熟有什么区别？

与韩愈并称"韩柳"的柳河东，耐热性也比韩先生好不了多少。"南州溽暑醉如酒，隐几熟眠开北牖。日午独觉无余声，山童隔竹敲茶臼。"热晕了的柳宗元伏倒在案，醉了酒一样地昏沉，难得北窗吹进一阵风。吁，瞬间万籁俱寂，只闻得竹林那边孩童轻敲茶臼的叮叮咚咚。

即便没有空调，智慧的古人也总能在生活里找一个凉快的角落，做点降温的小事儿，短暂地消解一下炎夏的炎热。在敦煌壁画里，我们捕捉到一套古人列出的"消夏指南"，在那儿，人人都有柳宗元的"北窗风"。

🏵 矿物质井水透心凉

古代虽然没有冰箱，纯天然的井水也可以让人瞬间凉快不少。单是在井边，就好像打开了"冷藏室"的门。

画面中央三人正通过桔槔，即我们今天所说的杠杆，从井中汲水。其中，画面右侧一人正使劲拉绳将水桶送往井下。随着水越来越多，横杆带着石块的尾部便高高上翘。水汲满后，利用杠杆原理和石块的重力，再将水传上来。

用清凉的井水洗把脸，一定会顿时凉快许多吧！

桔槔打水 莫高窟第 419 窟 隋

● 有什么事洗个头再说

　　如果不能天天冲个凉，那就趁井水温度还未升高，赶快清清爽
爽洗个头，或者擦个身。把井水倒进束腰高足的圆盆中，弯腰低头
把脑袋扎进水里。热是什么？暂时和我没关系了。

洗头　莫高窟第 146 窟　五代

⚫ 清新吊带装显童趣

　　无论是复古条纹背带裤，还是时尚撞色吊带衫，唐代的小孩走路都带风。他们大胆吸收外来的服饰风格，能露就露。父母对此也表示支持，对他们而言，释放天性就是最好的生活。这么热的天，别说襦裙和直裾，就连半臂都嫌啰唆。

童子　莫高窟第 220 窟　初唐　　　　　　童子　莫高窟第 329 窟　初唐

⚫ 浸泡在水里的夏天

　　净土世界的莲花池里，常有戏水的小孩。他们甚至不需要穿什么衣服，水面的波纹和含苞欲放的朵朵莲花，就是最好的装饰。他们没有雪糕甜筒冰激凌，泡在水里就是他们快速降温的不二秘籍。不到吃饭时间，休想将他们从水里提溜出来。

童子　莫高窟第 220 窟　初唐

● 理发剃须　夏日套餐

　　我们今天的理发店，生意最好时就是每年春节前后女士们又烫又染图个过年好看，以及"二月二，龙抬头"男女老少都奔着去剃"龙头"。其次能维持一段稳定"旺季"的恐怕就是夏天，大人小孩都来理发，上来说的话好像都是一样的："劳驾您，给剪凉快点。"敦煌壁画里就有不少剃发刮胡须的画面。

耍盘童子　莫高窟第 79 窟　盛唐

剃度　莫高窟第 55 窟　宋

玻璃盘　莫高窟第 159 窟　中唐

❀ 鲜花入馔　目赏清凉

　　唐代人讲究，尤其王公贵族，穿薄如蝉翼丝绸衫，喝世间好物黄醅酒，用褐色勾玻璃盘沿。画面中的玻璃盘晶莹剔透，盘口沿有褐色勾线，盘身有天蓝色圈点纹，盘中鲜花入馔。光是看一眼就觉得沁人心脾，胜却今天的各种"小清新"。

❀ 佛系避暑　净手抄经

　　普通青年洗头降温，文艺青年折扇纳凉，佛系青年抄经避暑。信奉佛教的唐朝人，在天热时进山避世，鸟鸣山涧、树影婆娑，在

林中写经　榆林窟第 25 窟　中唐

此伏案抄经，当然是由内而外地清凉。图中抄经男子提起毛笔，在点、横、竖、撇、捺、勾、挑、折里来一场短暂的出逃。

敦煌文献《郑余庆书仪》记载："六月三休（伏）日，昔贾谊避三伏，以其盛夏，六月三庚日，南方有鹞鸟至，以助太阳，销铄万物，故损害于人，是以避忌之此日也。"说是避伏，实则是贾谊当时正谪居长沙。但避暑之俗的确存在，在小暑之后的三伏日，唐代官府是给大家一天法定假日的，任你打水洗头也好，进山抄经也罢，怎么凉快怎么来。

这样看来，古代人当是比现代人更懂得张弛有度。春种秋收时争分夺秒不马虎，暑气蒸人时务务虚也未尝不可。这是他们关于忙碌与休憩的交响，也是值得我们借鉴的生活哲学。

小 暑

大暑

老柳蜩螗噪
荒庭熠燿流
人情正苦暑
物怎已惊秋

大暑

壁画消夏指南（下）

这是一年中最热的时候，没有之一。

《月令七十二候集解》中说："大暑，六月中。暑，热也，就热之中分为大小，月初为小，月中为大，今则热气犹大也。"暑，便是热。大暑，即是大写的热了。

这样的天气让人无处藏身，走哪都是逼人的焦灼。街边小贩的叫卖声可以充耳不闻，食铺飘香也能不为所动，什么都难让人生发兴致，除非一根冰棍、几牙西瓜、一杯凉茶……

要么，就哪儿也不去，搁家待着，吹个空调，刷个剧，随时睡去；要么，就踏进深山，找一片清凉地儿，观花闻鸟饮清泉，在一抱绿意中自由缱绻，连扇子都不必拿出来，大概只要多穿一件罩衫。

树　莫高窟第 17 窟　晚唐

⬤ 青山行旅　忘乎所以

商旅一路跋涉，终于步入一片葱茏。此地山青似黛，溪水从山上流下，汇成蜿蜒河流，送来阵阵凉意。在这儿，满眼除了绿色就是绿色，使人瞬间忘记戈壁沙漠中的暑热难耐，呼吸都变得悠长，连小毛驴的脚步也轻快了一些。

凉快能让人焕发生机，准没错。

山间行旅　莫高窟第 217 窟　盛唐

⬤ 清泉潺潺　石上歇凉

中国人好山水，智者乐水，仁者乐山，山与水的呼应早就深深融入我们的民族气质。在最热的夏天，如果没有在山间的岩石上坐下歇歇脚，用树叶盛一口泉水来喝，就算不得是完整的夏天。像水月观音自若地坐在洞石之上，观望着瀑布流水，衣带飘扬，自带凉意。

大　暑

137

水月观音　榆林窟第 2 窟　西夏

❀ 山石峰峙　妙趣横生

　　山崖上植物丛生，花朵各有各的颜色。横看成岭侧成峰，远近
高低各不同，大概就是眼前的这幅景象了。

山峰　莫高窟第 217 窟　盛唐

山麓见鹿　树影泛浮

树深时见鹿，溪午不闻钟。也许古人也有这样的期待。

鹿是山麓林中的点睛之笔，轻轻一跃，整个山林就活泼了几分。

山中饮水　莫高窟第 285 窟　西魏

在一潭清水边停下的小鹿，低头饮水时看见涟漪的水面上山影微动。路过的人停下来，和小鹿警觉的眼神撞了个满怀。所有的宁静、喜悦和期待就生发于这一个对视的瞬间。

● 何必远送　碧染长空

能骑白马进山乘凉，那是王公贵族才有的待遇。临行前父子道别："进山当心山石啊，山里冷，你可不要着凉啦，不要玩水……""老爸，我已经是成年人了。"知了配合得及时："知了，知了……"这般暑热，最迫不及待的是抬起前蹄的马儿。

山林出行　莫高窟第428窟　北周

❀ 垂柳修竹　得乐离苦

崇山峻岭，茂林修竹，又有清流激湍，映带左右。这一番王羲之眼中的浑然天成，成了后人心间的永恒画面，心烦气躁时方可出逃。静坐树下，凉风灌入袖中，物我两忘，更不用再关心半分山外事。

❀ 层林尽染　坐席观山

手游、音视频、外卖订餐……发烫的手机和被手机吸附的人生，都很热。不如试试"山间一茶席"的宁静，仔细观察阔叶林到针叶林的过渡，云和"我"都很轻。

"热散由心静，凉生为室空。"白居易消烦暑的途径是心静自然凉。但到今天，却被重新定义了——"天气好热！""没关系，薪尽自然凉。"怎么办，有没有不花钱的凉快？敦煌壁画里那些漫游山间的贤者、商人、僧侣早就回答过了：进山隐一会儿！

山中冥思　莫高窟第 431 窟　初唐

立秋

秋风吹雨过南楼
一夜新凉是立秋

今日宜贴秋膘

"立秋之日凉风至"，单是读到这句话，就已感受到了微微凉意。经历了难挨的夏日三伏，习习的微风总算如期而至。

立秋三候："一候凉风至，二候白露生，三候寒蝉鸣。"暗夜溜进窗牖的凉风，清晨大地白茫茫的雾气，树枝上感阴而鸣的寒蝉，共同勾勒出初秋印象。微凉的天气，消沉了一夏天的胃口逐渐打开，整个人终于找回点活力，开始琢磨着吃点什么好。

◉ 立秋吃瓜肠胃好

清代张焘在《津门杂记·岁时风俗》中记载："立秋之时食瓜，曰咬秋。"人们相信，立秋吃瓜可防秋燥、免腹泻，以及不生秋痱子。敦煌自汉代就有种植瓜果的历史。东汉班固《汉书·地理志》记载："敦煌，中部都尉治步广候官。杜林以为古瓜州地，生美瓜。"唐代颜师古注曰："其地今犹出大瓜，长者狐入瓜中食之，首尾不出。"瓜有多大，颜师古给了个比喻——一只狐狸钻进瓜里，可以做到脑袋和尾巴都不露出来。

◉ 秋天和乳品更搭

牛奶味甘、性平、微寒，入心、肺、胃经，具有补虚损、益肺胃、生津润肠之功效。初秋干燥，牛奶是养阴润燥的好选择。敦煌南倚祁连山，周围又有草场宜牧，畜牧业便成为古代敦煌地方经济的重要组成部分。有牛有羊的敦煌人，乳品都是就地取材，趁新鲜喝，营养功效应该完胜今天的乳制品，其口味大概比我们小时候喝的能煮出奶皮的鲜牛奶还要香浓。

挤奶图（段文杰临） 莫高窟第 159 窟 中唐

敦煌文献 P.2049vb《后唐长兴二年（931）正月沙州净土寺直岁愿达手下诸色入破历算会牒》

由鲜奶浓缩发酵而来的奶酪也不是西方人的专利，唐代敦煌的僧人和上层贵族就经常食用。牧羊人将乳酪送到寺院，制作乳饼。在敦煌文献《后唐长兴二年（931）正月沙州净土寺直岁愿达手下诸色入破历算会牒》中有明确的记载："粟壹斗，与牧羊人送乳饼用""面贰斗，与牧羊人送乳饼用"。

● 最宜食肉贴秋膘

即使是在以瘦为美的今天，我们也大可不必"谈肉色变"。大多数人经历了一个夏天，体重都会较立夏时更轻一些。北方民间有立秋悬秤称人的习俗，以结果作为对身体健康的评判。若体重比立夏时轻了，就需要进补，"以肉贴膘"实际是对健康有益的事儿。

肉坊　莫高窟第 85 窟　晚唐

肉食是古代敦煌人饮食结构中一个重要组成部分，其来源主要是饲养的家畜、家禽以及猎取的野生动物。尤其是羊肉，直到今天仍是敦煌人餐桌上的主角。屠户手起刀落，生肉一块块散开，主顾们纷纷走上前，各取所需，心满意足地回家烹调享用去了。

◉ 出行狩猎亦热闹

秋天适合打猎，《礼记·月令》有云："季秋之月，天子乃教于田猎……执弓挟矢以猎，命主祠祭禽于四方。"尤其王公贵族，

狩猎　莫高窟第 249 窟　西魏

行猎　莫高窟第 85 窟　晚唐

更将此视为每年不能错过的田野乐趣，约上几人，携弓荷斧而出，向猎物进发。

唐代人打猎是讲究的，猎人们整装出猎，均戴幞头，着缺胯衫，足蹬半腰靴。装备也很齐全：有立鹰于手臂的，有单手牵犬的，有持弓挎箭囊的，派头十足。甚至还有扛斧的，莫不是要当场烤肉吃？

还有比这更生猛鲜活的狩猎场景——莫高窟第249窟窟顶绘有一幅山林射猎图：一只猛虎越山跃谷，怒目圆睁，张口吐气，以迅雷之势扑向骑马的猎人，而猎人勒马回身，拉弓引箭。画师用极为简练、流畅而潇洒的笔墨，准确地捕捉到了猎人与猛虎对峙时的紧张瞬间。

自古逢秋悲寂寥，被贬谪湖南的刘禹锡偏要"我言秋日胜春朝"，那是他的乐观与豁达。置身于平淡生活中，我们也许没有那么大起大落，但会有许多值得珍视的温暖瞬间。不如趁天气不冷不热，一边尝尝美味，一边谈谈理想。

七夕节

双星良夜，耕慵织懒
应被群仙相妒

七夕节

愿你所得皆所期

"七月七日何谓？看牵牛织女，女人穿针乞巧。"这是敦煌文献《珠玉抄》所载"七月七"节日的缘起。

　　这一天，牛郎织女相会，怀春少女们轻提裙边踏上彩楼，奔逐栏边对着银河望眼欲穿，等待织女渡银河；她们趁着月光穿针乞巧，将五色丝线快速地从连排九孔针中贯穿而得巧。穿针引线，本来就离不开男女姻缘的隐喻，得巧者亦可得爱。说不定，就正好有翩翩少年打这儿经过，带着一句"今晚月色真美"。

青年男女　莫高窟第 321 窟　初唐

坐看牵牛织女星

敦煌文献《全天星图》囊括了当时北半球肉眼可见的大部分恒星，是现存记载星数最多（1359颗）、时代最古老的一幅星图，牛郎、织女星便在其中。

牛郎星为天鹰座 α 星，织女星为天琴座 α 星，它们分别是各自星座中最亮的一颗星。在《全天星图》上看似近在咫尺的两颗星，实际相距16光年，中间隔着漫长的银河，本是一对"不得见的街坊"。只有在七月初七这天，上弦月的明亮让银河瞬间"隐形"，牛郎织女星得以"相逢"。

七夕夜观星的人，并非完全出于对星象的好奇，更多是源自对浪漫的想象。周处《风土记》曰："七月七日，其夜……守夜者咸怀私愿。"是夜，牛郎织女相会于天河，天门瞬间打开，随之汹涌的是兴奋和一点私心。

敦煌文献里还记载了女子们观星乞巧的场景。敦煌文献《七夕乞巧诗》中记载："七夕佳人喜夜情，各将花果到中庭。为求织女专心座（坐），乞巧楼前直至明。"敦煌文献《杂抄》中记载："七月七日何谓？看牵牛织女，女人穿针乞巧。"《七夕乞巧诗》中另一

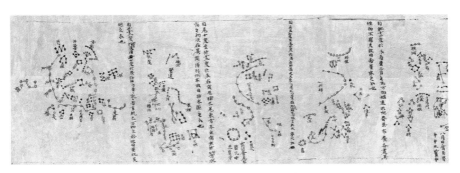

敦煌文献 S.3326《全天星图》

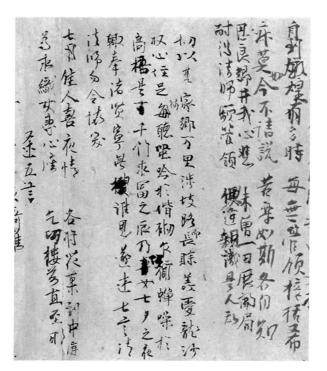

敦煌文献 S.2104《七夕乞巧诗》

首:"乞巧望天河,双双并绮罗。不犹(忧)针眼小,只要月明多。"
七夕之夜,女子们供瓜果于庭院中,对着星月穿针引线,展示女红
技艺,乞巧求福。

● 愿逐月华流照君

七夕不是少女的专利,也不只有牛郎织女星助运。这时候的月
亮虽是新月,却因天门大开而被赋予了更玄妙的寓意。当晚,不管
王公贵族还是平民百姓,都可月下祈愿。这一天的月亮,尤其对渴
求爱情的人儿格外慷慨。

"七月七日长生殿,夜半无人私语时。在天愿作比翼鸟,在地
愿为连理枝。"这是唐明皇和杨贵妃在七夕夜对爱情的承诺,白乐

同入青庐　榆林窟第 38 窟　五代

天将其说给天下人。

　　"荡子他州去，已经新岁未还归，堪恨情如水……乞求待见面，誓不辜伊。"这是敦煌文献《曲子拜新月》中，一位在七夕之夜祈愿丈夫归家团聚的女子的心声。这种言情剧式的祈愿，月老一定收到了许多。

⬤ 只羡鸳鸯不羡仙

　　中国人自古将牛郎织女视为重要的爱情符号之一。"迢迢牵牛星，皎皎河汉女。"七月初七的相会，胜却人间无数。但如果秦观来了敦煌，

树下弹筝　莫高窟第85窟　晚唐

他那"胜却人间无数"的概念和认知大概会被刷新。

莫高窟第 85 窟报恩经变中的《树下弹筝图》，定格了一个令人驻足的爱情瞬间。

印度波罗奈国太子善友为救济众生，入海赴龙宫求取如意宝珠，却被弟弟恶友刺瞎双眼，将宝珠抢夺了去。善友太子流落利师跋国，为王宫看守果园。于果园中抚琴弹奏，成了他唯一排遣情绪的方式。一次偶然，利师跋国公主听闻琴音，心生爱慕，不顾父王反对，与善友结为夫妻。婚后，善友披露了自己的太子身份，双眼复明，携公主返回波罗奈国，索回宝珠，变现衣食珠宝救济众生。

故事结局固然圆满，动人的最是树下弹筝的瞬间，宁静隽永。高山流水之所以珍贵，全因为懂得。善友太子也许还没注意到利师跋公主的出现，公主已经在琴音里翻阅了他的前半生。

爱情是人类的永恒话题。"浮世万千，吾爱有三，日、月与卿。日为朝，月为暮，卿为朝朝暮暮。"爱情当中收获快乐和回收苦痛的多少总不可预知，但丝毫不影响她永久地成为每个人心中最按捺不住的冲动和最美的期待。

七夕，宜许愿，宜浪漫。即便相爱全靠运气，也希望你所得皆为所期。

处暑

一度暑出处暑时
秋风送爽已觉迟

处暑

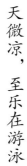

天微凉，至乐在游泳

"处，止也，暑气至此而止矣。"元代吴澄《月令七十二候集解》对于"处暑"如此解释。

拔腿要走的暑热，又被反扑而来的"秋老虎"一口咬住，不得不延续些许时日才能脱身。但夜晚已经渐凉，不再有白天那般蒸人的热，可以睡个不再黏腻的觉，晨起清爽。

如果没有雨水送凉，不如趁秋天还未抽走青山丰草、碧水蓝天的色彩，主动扎进水里，既有"幽鸟飞鸣翠木阴"，又有"小鱼游泳绿波心"，俯仰之间岂不快哉？

◉ 古老的生存技能

话说史前社会，人类的活动非常简单，主要围绕两大主题展开——求食和攻防。填得饱肚子、打得了胜仗，生存与繁衍基本没什么问题。

游泳这项活动最早出现就与这两大主题密切相关。远古时期，鱼虾是生活在河流沿岸人们的主要食物，捕捞鱼虾自然成为他们的日常。为避免"洪水猛兽"可能对人类带来的危险，他们模仿水陆两栖动物的姿态，尝试在水里游动，逐渐学会了游泳。

◉ 必备的军事本领

满足了基本生存的人们，开始寻求扩张，这时战争出现了。兵书《六韬·奇兵篇》中将"越深水，渡江河"称为"奇技"，如若发生水战，擅长游泳这门"奇技"的兵将就显得尤为可贵。

莫高窟第 12 窟法华经变中，描绘有士兵战马渡河作战的场面。士兵游泳渡过护城河，两方交战，场面激烈。《太白阴经·济水具篇》："……以善水者，继（系）小绳先浮渡水，次引大絙，于两岸立大橛，急定絙，使人挟絙浮渡大军，可为数十道。"

渡河　莫高窟第 12 窟　晚唐

🌀 丰富的娱乐项目

莫高窟第 257 窟的壁画中，描绘了莲池中游泳嬉戏的场景。这时的民间游泳技术已经相当成熟，尤其在南方，游泳不再是什么稀罕技能，而是大家的日常娱乐项目之一了。

游泳嬉戏　莫高窟第 257 窟　北魏

　　尤其对于亲水的小孩来说，夏天，跳进水里玩个痛快就是首选。古代的画师将他们游泳戏水时的样子留在了壁画里，今天我们看到这些壁画时，仿佛还能听见咯咯的笑声。

　　隋唐时期，泳姿更是丰富了许多。也许是来自南方的画师，将生活里所见的仰泳、潜游甚至自由泳纷纷搬进壁画。宋元时期，游泳技能几乎已经实现了"全覆盖"。特别擅长游泳的人，还喜欢玩一些炫技的水上表演，赚一片叫好声。

戏水童子　榆林窟第 25 窟　中唐

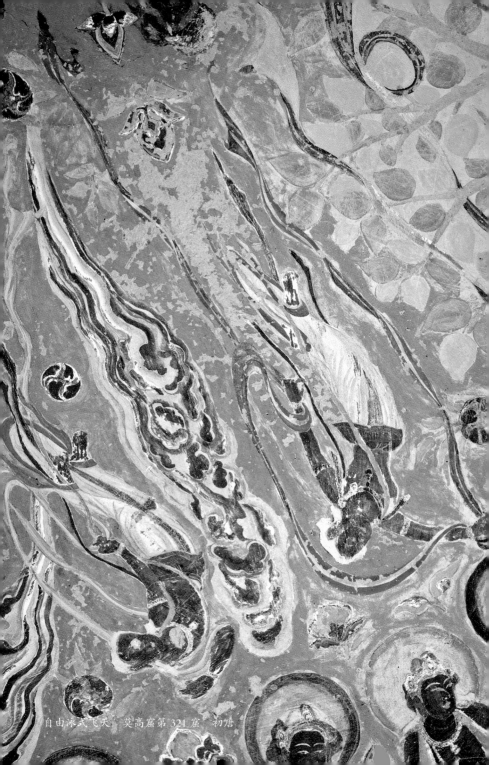

自由泳式飞天　莫高窟第 321 窟　初唐

潜水式飞天　莫高窟第 329 窟　初唐

　　为了生生不息，人类用智慧和实力不断尝试适应自然，在与水相处的路上，"不管风吹浪打，胜似闲庭信步"。今天的游泳，更多是竞技运动、娱乐休闲。俯仰浮沉之间，四季更迭悄然发生，水边漂来的一片落叶，提醒这夏日时光的倏然而逝。

中元节

上界秋光净
中元夜气清

中元节

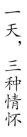

——一天，三种情怀——

敦煌岁时节令

Time And Seasons
Of Dunhuang

农历的七月十五这天，是佛教盂兰盆节、汉民族祭祖古俗、道教中元节的混合节日，百姓会在这一天祭祖先、超度亡魂。这一天，我们可以看到儒、释、道文化在同一片土地上的相互交融。

◉ 佛家供养

佛教的盂兰盆节源于"目连救母"的故事。据《佛说盂兰盆经》记载：释迦牟尼的十大弟子之一目连（亦称目犍连）得到神通后，想报答父母的养育之恩。他用神通眼观察，看到已去世的母亲在饿

敦煌文献 P.2269《盂兰盆经赞述》

敦煌文献 BD.00876《大目犍连变文》

鬼道中受苦，于是用神力给母亲送饭吃。但是钵中的饭刚送到母亲手中，还没入口就化为了灰烬。

目连无奈，求助于佛祖。佛祖说：你母亲罪孽深重，你一人救不了了，要靠十方僧众的道力才行。你要在七月十五日众僧结夏安居修行圆满的日子里，敬设盛大的盂兰盆供，以百味饮食供养十方众僧，依靠僧众的力量，救出你的母亲。目连依佛祖的指点，真的使母亲脱离了饿鬼道。

佛教将这一天定为盂兰盆节，来自梵文"Ullambana"的音译。"盂兰"意译为"倒悬"，指"人被倒挂"，用以形容三恶道众生的苦厄之状。"盂兰盆"则为"解倒悬"之意。佛教认为在七月十五日

目连守孝　榆林窟第19窟　五代

这天如法布施僧众，可解救亡亲的倒悬之苦，以报谢父母长养慈爱之恩。

◉ 儒家祭祖

孔子奉"孝"，他认为家庭稳定是社会稳定的基础和前提，并强调"敬"是孝道的精神实质。《论语·为政》中，子曰："生，事之以礼；死，葬之以礼，祭之以礼。"无论父母生前或死后，都应按照礼的规定来行孝。"目连救母"的精神内涵与儒家孝道观念不谋而合。

正所谓"世间所有的离别，都会以另一种方式重聚"，七月半祭祖，民间相信亡故的祖先会在此时返家探望子孙后代。但祭拜仪式不局限于特定的七月十五，而是在七月底之前的某天傍晚举行祭拜仪式。

祭拜时，要将先人的牌位一一请出，恭敬地放于供桌之上；再为每位先人上香，每日晨、午、昏，供三次茶饭，直到七月三十日送回为止。有先人画像的，也要请出供奉。依照辈分和长幼次序，给每位先人磕头，默默祷告，向先人汇报并请先人审视自己这一年的言行，保佑自己平安幸福。送回时，则要烧纸钱衣物。

● 道家祭鬼

到了道教这里，七月十五被称为"中元节"，这一天恰逢夏秋之交，是天地阴阳交替的节点，阳气渐衰，阴气更盛。

敦煌绢画 MG.17655《降魔成道图》 五代

这一天是地官的生日，阴曹地府会放出全部鬼魂。道观举行盛大法会，为死者的灵魂超度。民间亦设道场，以食物祭祀，安慰游离于人世的鬼魂，祈求自己平安顺利。

谈到祭鬼，人们不禁好奇："鬼"究竟是什么样子的？虽然谁也没有见过"鬼"，但是古人对于"鬼怪"的想象一直没有停止。

在种种想象中，敦煌藏经洞出土的降魔成道图提供了许多关于"鬼文化"的猜想，其中各种各样"鬼"的形象大胆奇特，令人叹为观止。

敦煌绢画里，众多妖魔鬼怪虽然还没有被学界明确定名，但极具冲击力的形象就足以被人记住。

这幅图像中的鬼怪，人身蜥蜴头，他双手高举过头顶，手里托着一个小鬼。小鬼手持弓箭，引弦待发。

根据《修行本起经》，魔众里也有"或一颈而多头，齿牙爪距"的形象。图中的鬼怪就比较厉害了，何止颈上多头，连胸部和腹部都是头面，都有点数不清这是几颗头了。

这幅图中的鬼怪一手上指、一手持斧，正是魔众里向佛陀进攻时"撢持戟铧"的形象。但更奇特的是，鬼怪的脸上还紧贴着一个小人，盖住了鬼怪的鼻子而刚好露出双眼的位置。

不得不说，想象力这方面，我们可能真的要输给古人了。

儒、释、道在这一天"撞车"，盂兰盆节的供养、七月半祭祖、中元节祭鬼，无不在传递爱亲孝亲、不忘先人恩泽的传统道德观念。

白露

衰荷滚玉闪晶光
一夜西风一夜凉

又是一年葡萄甜

白

露

敦煌岁时节令

Time And Seasons
Of Dunhuang

农历七月底八月初，秋气愈重，只要待到每日太阳归山之后，白天的热气就会很快消散，拂面的风便有了怡人的清爽。

夜间，空气中的水汽遇冷凝结成露珠，附着在草木上，洁白无瑕、晶莹可爱，便有了《月令七十二候集解》中的"八月节，阴气渐重，露凝而白也"。

民间说"白露下葡萄，秋分打红枣"，白露时节的葡萄最香甜。而敦煌四季分明、光照充足、温差明显、空气干燥，加之当地特有的沙质土壤，为优质鲜食葡萄提供了优越的生长条件。

⊛ 远道而来的"蒲陶"

葡萄原来的名字更有古意——蒲陶（也写作"蒲桃"）。据《汉书·西域传》记载：蒲陶种是往来西域的汉使从大宛（古代中亚国名，大约在今费尔干纳盆地）采归。当时大宛国及其周边地区生产葡萄，并已掌握了葡萄酒的酿造和存储技术。

公元前138年，张骞出使西域，"凿空之旅"打通了中国和中亚、西亚以至南欧的"隔阂"，同沿途各国建立起友好往来。公元前119年，张骞再次出使西域，中原与西域之间的丝绸之路更加畅通，交流更加密切；西域的音乐舞蹈、农作物等相继传入中国。

丝路重镇敦煌，自然留下了许多中西交流的痕迹，葡萄就是其中之一。敦煌不仅种植葡萄，还擅长以葡萄酿酒。敦煌文献《下女夫词》写道："酒是蒲桃酒，千钱沽一斗。即问二相郎，因何酒我酒？"足见当时葡萄酒的珍贵和人们对葡萄酒的珍视。

张骞出使西域　莫高窟第 323 窟　初唐

● 被"寄予厚望"的葡萄纹

在古代,葡萄与葡萄藤是自然界繁茂多产的象征,葡萄果粒丰硕、枝叶蔓延,则被人们寓以子孙绵长、家庭兴旺的美好愿望。于是便有了各种各样的"葡萄纹"。

"葡萄宫锦醉缠头",是丝织品上的葡萄身影;瑞兽葡萄纹铜镜,是铜镜上的葡萄光彩;还有花砖、瓷器、壁画、石刻上也有葡萄纹的记忆。隋唐画师将葡萄绘进壁画,各种各样的葡萄纹饰成为敦煌壁画中的经典图案。

除了大量用作窟顶藻井主纹饰,壁画边饰中也有出现漂亮的葡萄纹样式。葡萄串、葡萄叶随缠枝波状弯弧分布,葡萄串一种为写实形、一种为花形,与葡萄叶相间绘饰。色彩有青、绿、红、赭、白,

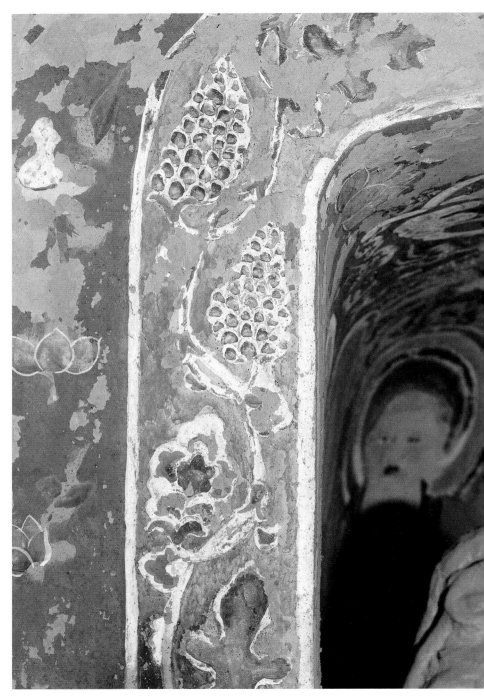

缠枝葡萄纹边饰　莫高窟第 322 窟　初唐

葡萄石榴纹藻井　莫高窟第 209 窟　初唐

葡萄石榴纹藻井　莫高窟第 322 窟　初唐

对比鲜明，清爽悦目。

在葡萄纹饰前，仿佛能嗅到清新的田园气息。"西园晚霁浮嫩凉，开尊漫摘葡萄尝。满架高撑紫络索，一枝斜嚲金琅珰……"唐人的诗句中将葡萄比作金铃铎，大概葡萄那时仍是引种不甚广泛的名贵水果吧。唐代壁画中的葡萄纹，也显出一种繁复华丽的美感。

◉ 坠入尘世的甜蜜"炸弹"

作为葡萄传入中原的第一站，古代敦煌亦是当之无愧的"葡萄名城"。据唐代敦煌文献可知，唐代隶属于沙州的石城镇北有"蒲

敦煌文献 S.0367《沙州伊州地志》

桃城"。敦煌文献《沙州伊州地志》中记载：唐贞观年间（627—649），中亚地区的康国大首领康艳典西来，在隋末战乱废弃的鄯善镇重建胡人聚落典合城（石城镇），并在其北四里处建"蒲桃城"，种葡萄于城中。

"秋夜长，殊未央，月明白露澄清光"是王勃三两笔就勾勒出的白露景象。遇此时节，最美的自是晶莹剔透得闪光的叶上露珠。吸风饮露，那是神仙才有的境界。"满筐圆实骊珠滑，入口甘香冰玉寒"，摘颗露珠般晶莹的新鲜葡萄送入口中，整个人瞬间被甜蜜充盈点亮，才是白露时善待自己的首选。

秋分

风起白苹初日晚

霜雕红叶欲秋分

秋分

有牛为伴，定行远

分

西汉董仲舒《春秋繁露·阴阳出入》："秋分者，阴阳相半也，故昼夜均而寒暑平。"这一天，昼夜时间均等，全国大部分地区白天夜晚各12个小时。气候由热转凉，上半年的温热以及酷暑，开始转为寒凉。

秋凉的到来，使得秋收、秋耕、秋种的"三秋"大忙格外紧张。牛作为备受农人喜爱的生灵，在这一天占得中心位置，长久而稳固地停留在我们的传统记忆中。

农人爱牛

民间秋分之日有"送秋牛"的风俗。"送秋牛"不是送秋天的牛，而是送"秋牛图"。这一天，巧言善唱的民间高手作为"秋官"，带着提前准备好的秋牛图（即印有农夫耕田图样以及全年节气的二开红纸或黄纸），开始了一天的"送牛"以及"耍嘴皮"工作。每到一家，"秋官"便和这家人说上些与农耕相关的吉祥话，再加上

耕牛　莫高窟第454窟　宋

在各家见到的不同情形进行即兴创作，既有田园靠天吃饭的共性，又有农家缤纷生活的个性。说到欢喜处，主人给赏钱。

为什么不是其他动物，偏偏是牛呢？中国古代，农耕经济主要靠畜力，牛作为普遍的耕畜，成为"农耕之本"。加之牛性格温和、执着笃定，因此被广泛赞颂。

● 耕牛之外

除了农耕生活中勤勤恳恳的耕牛，敦煌壁画中还描绘了形形色色的牛，使得牛在敦煌壁画的动物世界中占得一席之地。在莫高窟第249窟的壁画里，山林中野牛笃定行走、受惊回首，均被画师用寥寥数笔画成速写。一只肌肉健硕、神态生动的野牛几乎要从壁画里走到我们面前。

远古时星空灿烂，莫高窟第61窟便有西夏时期绘制的"黄道

行走的野牛　莫高窟第249窟　西魏

受惊的野牛　莫高窟第249窟　西魏

金牛宫　莫高窟第61窟　西夏

牛王救太子　莫高窟第 148 窟　盛唐

十二宫"，即今天的十二星座。第 61 窟甬道南壁炽盛光佛东侧绘有
金牛宫，圆形星宫中的金牛缓缓踱步，脸上带着虔诚的微笑。

报恩经变讲述了善友太子入海取宝后，返回途中被弟弟恶友刺
瞎双眼、抢走摩尼宝珠的故事。图中是一群牛围护着失明卧地的善
友太子，牛王小心翼翼地用舌尖舔着善友太子的眼睛，让人感到牛
也有一颗仁心。

如今，秋分也是中国的"丰收节"，这是一个听了名字就会让
人高兴的节日。喜悦的不只是忙于田间地头的农人，牛也将迎来一
年中的"休闲时间"。

牛的敦厚忠诚、朴实温暖、勤勉劳作、默默无闻的精神赢得了
我们的无限信任，它已经超越了一般物象，融入到中华民族的性格
底色当中。

中秋节

阴晴圆缺都休说
且喜人间好时节

中秋节

应是蟾宫别有情

敦煌岁时节令

Time And Seasons
Of Dunhuang

古人吟诗作对最常用的意象，恐怕绕不过天上明月。古人最常赋诗填词的季节，莫过于三秋之时。这一轮明月，无声化解了太多秋的寂寥，抚平了太多人心中的褶皱。

中国古代有祀夕月之礼。《周礼》记载："（王）以朝日。"郑注："天子常春分朝日，秋分夕月。"夕月就是王者于每年秋分之际在城西祀月。古代祀月之礼可以说是后代中秋节、中秋赏月的最初渊源。

今时明月照古人。遥望同一轮明月，不知千年前的古人会思考些什么？

◉ 月的想象

古人没有天文望远镜，看不见月球上坑坑洼洼的环形山，不甚了解月球的构造以及地球月球太阳的运动关系。更多是由肉眼可见的月亮形象，而衍生出对它的种种想象。

莫高窟第 35 窟十一面观音像中，画师描绘了人们想象中的月宫图景。画中观音八臂十一面，最上两手托着太阳和月亮，太阳为红

蟾蜍与月兔　莫高窟第 35 窟　五代

手托日月的十一面观音　莫高窟第 35 窟　　五代

色底色，内有三足乌；月亮则是冷清的素色，中间画桂树，一侧画蟾蜍，另一侧画捣药的白兔。

日月是人类早期文化产生的重要源泉。古人不知道月亮反射的是太阳光，只是按照肉眼所见的太阳以及月亮的颜色，为之赋予不同的色彩形象。中国神话里的月兔、月蟾、月桂，以及太阳里的三足乌，构成了中国传统文化里颇有影响的元素；它们已渗透人们的

中秋节

日常生活中，几乎每个人小时候都会听过月宫里玉兔捣药与吴刚伐桂的故事。

◉ 崇敬拜月

敦煌话月，月神是绕不过去的重要角色。古人因为对天体的想象，引发了对于月神的朴素崇拜。唐宋时期的敦煌人民非常重视月神，相信月神能保佑自己和家人吉祥如意。八月十五这一天，恰逢中国道教神话中的月神（太阴娘娘）诞辰，在当天晚上，人们摆设香案、放置供品来敬奉月神，以隆重的仪式感，传递诚挚的心愿。穿上最华丽的衣服，登上专门的"拜月楼"，香案上少不了的是月饼，还

月光菩萨　莫高窟第 384 窟　中唐

敦煌文献 P.2838《拜新月》

有各式的节令水果。高悬空中的明月圆满无缺，拜月的内容自然是希望家庭团圆、有情人得以团聚。月神是普通民众祭拜的对象，佛教徒礼拜的则是"月光遍照菩萨"，也称月光菩萨、月净菩萨。月光菩萨身呈白色，乘于鹅座，手持月轮。在药师佛的无量菩萨眷属里，他与日光菩萨是位居上首的大菩萨，秉持着药师如来的正法宝藏。

● 尝一口月

拜完月亮，便是实实在在的福利了——吃月饼。传统的敦煌月饼与其他地方的不同，首先在体积上就秒杀一众京式、苏式、广式月饼，更像是一轮天上的圆月。除了尺寸，人们还在月饼上做出"嫦娥奔月""玉兔捣药"的画面，吃起来别有一番花好月圆的情趣。

最初的"饼"其实和中秋没什么关系，只是没有馅料的普通馒头而已。魏晋南北朝时期，这种圆饼中加入了干枣、核桃制成的馅料。再到唐宋时期，用酥油和饴糖混合做馅料，便非常接近现在的月饼了。

中秋月圆之时，再繁忙的人，也要抽身回家，与亲人共宴饮、同赏月，吃带有家乡特色的月饼。此时此刻，估计连嫦娥也要羡慕几分了。

寒露

泉泉涼風動
凄凄寒露零

寒露

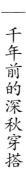

千年前的深秋穿搭

元代吴澄《月令七十二候集解》说："九月节，露气寒冷，将凝结也。"听罢真是叫人瑟瑟发抖。

秋已深，露水吸纳一整夜的凉，即便水汽被太阳蒸发，凉气也在空气中氤氲不散。枝头枯叶飘落，更添寒意，心中不禁默默念道："这身单薄的衣裳还是不敌这深秋了啊。"

一边抱怨衣柜的衣服又不够穿了，一边开始研究本季流行的穿搭。时尚杂志里的潮流越来越看不懂，真不如敦煌壁画里那些永不过时的"经典款"。即便过去上千年，如今看来依旧好看、时尚，足够给我们列一份深秋穿搭指南了。

● 碎花长裙宜秋凉

长衫长裙适合秋凉天气。莫高窟第 114 窟中，着襦裙的少女梳双丫髻，粉白脸蛋上婴儿肥尚未褪去，显得娇憨可爱。

襦裙少女（段文杰临）
莫高窟第 114 窟　中唐

◉ 收腰包臀线条美

莫高窟第 280 窟中，摩耶夫人着修身掐腰喇叭袖，T 恤打底，外穿一条包臀长裙，加之大胆的撞色，如此凸显女性魅力的着装，放在今天也是完全可以出街的复古穿搭，经得起偶然撞到的街拍镜头。秋日虽凉，固然需要添衣，也要像古人一样穿得好看，让自己开心。

◉ 永不过时黑白配

莫高窟第 100 窟中，一男子着黑色圆领长袖缺胯衫，白色帛带束腰，搭配白底团花大口裤。这样的穿搭对我们今天的装束也很有借鉴意义，或者说，今天的我们和古人不小心撞衫了。

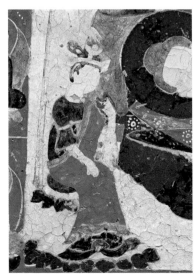

摩耶夫人　莫高窟第 280 窟　隋　　　　舞者　莫高窟第 100 窟　五代

● 个性有趣母子装

莫高窟第 12 窟中,一对母女身着襦裙,上襦下裙的穿法,可以视为我们今天的无袖连衣裙加针织开衫,正好适合深秋的天气。一模一样的情侣装也好、亲子装也好,都过于简单没有新意,要用心搭配,方可达成与众不同的"连心装"。图中孩子的上衣用了和妈妈裙子相同的蓝色,裙子则选用了和妈妈上衣同色系、不同花纹的样式,相同的是胸前结带的花纹。以此别出心裁的呼应,才格外赏心悦目。

供养人 莫高窟第 12 窟 晚唐

● 条纹披肩大牌感

　　莫高窟第 285 窟中，身着赭色僧祇支、外披蓝绿条纹袈裟的禅僧，其模样和今天上了飞机的"怕冷星人"看上去并无二致——那位乘客瑟瑟发抖汗毛竖起，无奈按下服务键，拜托空姐给一条毯子来裹住自己，倒是有几分条纹大披肩的既视感。

禅僧　莫高窟第 285 窟　西魏

● 大面积图案慎穿

莫高窟第 85 窟中掌秤的男子，一身圆领团花襕袍实在吸睛。那时候的男子穿衣大多以素色为主，官员服饰也几乎没有这样夸张的图案。这也许是为我们示范了"大面积一花到底"的穿搭雷区。

面对"天凉好个秋"，第一反应当然是添加衣物了。看了莫高窟第 146 窟魔女的丰富穿搭，是不是想抓紧时间买衣服啦？关于深秋穿搭秘籍，壁画中的靓女帅男够你参考三身的了！

称量者　莫高窟第 85 窟　晚唐

魔女　莫高窟第146窟　五代

重阳节

秋菊盈园
而持醪靡由
空服九华，寄怀于言

重阳节

—— 解密古老敦煌养生大法 ——

九月九日，日月并阳，两九相重，是重阳也。

重阳节是中国传统节日，相传自汉代起，便有了重阳节求寿之俗。《西京杂记》载："九月九日，佩茱萸，食蓬饵，饮菊花酒，令人长寿。"又因"九九"音同"久久"，所以九月初九重阳节，人们除了登高远眺、观赏菊花、遍插茱萸，也祈求健康长寿。中国更是把这一天定为"老人节"。

敦煌文献《乙巳年某寺诸色入破历算会》记载："粟陆斗，麦壹斗，换黑豆登高日用。""登高日"即登高节。在这一天某寺用粟麦换黑豆，是为了制作某种糕。"糕"与"高"谐音。敦煌人也延续了重阳节食用"蓬饵"的习俗。

《尚书·洪范》载："五福，一曰寿，二曰富，三曰康宁，四曰攸好德，五曰考终命。"可见在古人看来，人生五福之首当是"寿"。有了健康长寿的愿望，必然催生各种养生之术。敦煌文献中就保存有一套套科学的食疗养生大法，其中很多类目，现代人仍在沿用。

● 食疗菜药

食物是生命之本，生活中常见的一些食物，不仅提供人体所需的基本营养物质，还能增强体质、疗疾祛病。

敦煌文献《食疗本草》残卷（王圆箓混入的清代抄本），收药二十六味，而这二十六味"药"，竟是常见的食物。《食疗本草》里面详述了日常生活中的鸡、鸭、鱼、肉、水果、蔬菜，主治、功效、

敦煌文献S.0076《食疗本草》

病坊治疗　莫高窟第 61 窟　五代

服食宜忌、单方验方等。我们欣喜地看到，生活中其实有这么多既好吃又能养身益寿的宝贝。

前方高能：助力 90 后佛系养生

减肥利器——冬瓜。《食疗本草》："煮食之能练五脏精细，欲得肥者勿食之，为下气，欲瘦小轻健者食之，甚健人。"

防脱发——核桃。《食疗本草》："除去风，润脂肉，令人能食，不得多食之，计日月渐渐服食。通经络气血脉，黑人髭发毛落再生也。"

冻龄有术——藕。《食疗本草》："主补中焦，养神益气力，除百病，久服轻身、耐寒、不饥、延年。"

如果你精力不够，敦煌神仙粥请了解一下，一锅粥扶正你的颓废意志！

敦煌文献《神仙粥》（王圆箓混入的清代抄本）载有可使人表邪得解、气血得补、脾胃得健、肾气得固，哪里不好治哪里的煮粥妙方："山药蒸熟，去皮，一斤。鸡头实半斤，煮熟去壳捣为末，入粳半升。慢火煮成粥，空心食之。或韭子末二三两在内，尤妙。食粥后，用好热酒，饮三杯妙。此粥善补虚劳，益气强志，壮元阳、止泄精，神妙。"

翩跹的飞天　莫高窟第 296 窟　北周

敦煌文献 P.3810f《神仙粥》

● 运动娱乐

　　"养性之道，常欲小劳，但莫大疲及强所不堪耳。"古人很早就发现了运动对生命的意义，所谓"流水不腐，户枢不蠹，以其运动故也"。重阳节正值秋高气爽，外出登高，与朋友宴饮，实在畅意。

采花童子　莫高窟第 112 窟　中唐

商旅行人　莫高窟第61窟　五代

　　唐宋时期，敦煌流行登高活动，正如《太平御览》中《齐人月令》所言："重阳之日，必以糕酒登高眺迥，为时宴之游赏，以畅秋志。酒必采茱萸甘菊以泛之，既醉而还。"

◉ 回归自然

　　自然界气象、物候的变化与人类机体的变化、疾病的发生紧密相连。中医理论认为：人与自然界是"天人相应""形神合一"的整体。因此孙思邈在《备急千金要方》中说："春七十二日省酸增甘以养脾气，夏七十二日省苦增辛以养肺气，秋七十二日省辛增酸以养肝气，冬七十二日省咸增苦以养心气。季月各十八日省甘增咸以养肾气。"顺应季节的变换，调饮食、养精神、练形体，才能达到好的养生效果。

❀ 修养心性

中国古代素有"养身即养怡"的观点，认为养生不仅包括四体康健，更重要的是修养内在素质；而只有旷达的心胸，才能获得强健的身体。

古代敦煌人崇尚佛教，抄经、观想既是他们表达信仰的活动，也是修养心性的方式。扰攘的尘世、忙碌和浮躁滋生的杂念，扰乱着内心的宁静。通过抄写经书，在这一过程中觉醒悟道、怡养性情，达到宁静致远的境界。观想，就是培育良好的心灵状态，逐渐让心灵净化而得自在，向觉悟解脱的方向前进。

遵循天地四时之规律，调配合宜之饮食，置身天地万物之间，亲近自然，适度运动，方能通达心胸、广闻博见，获得内外身心之调养，这便是古老敦煌养生之要义。

霜降

霜降水泉涸
风紧草木枯

深秋养生食单请查收

霜

降

元代吴澄《月令七十二候集解》中记载："九月中，气肃而凝，露结为霜矣。"深秋时节，寒风愈演愈烈，在熊熊的炉火前，煮一桌热气腾腾的饭菜，和家人朋友一起共享片刻温暖，是为慰藉。

至于吃什么，我们国人的饮食自古讲究"顺时而为"。俗语说："一年补通通，不如补霜降。"霜降这天，是进补的大好时机；但因"秋燥"，此时更应讲究"平补"，温和地给身体机能提供适宜的能量，以免过犹不及。细究古代敦煌的饮食，不难从中组合出一份属于深秋的"霜降食单"供君品尝。

● 餐前汤——鲜香蘑菇汤

敦煌人食用菌类的记录可追溯至唐朝。敦煌文献《戊年某寺诸色斛斗入破历算会》中记载："麦壹斗，买菌子一斗用。"想必敦煌人早就懂得诸多蘑菇的做法。

敦煌文献 S.5927va《戊年某寺诸色斛斗入破历算会》

而秋季食用鲜蘑菇汤，不必添加过多的佐料，以免剥夺蘑菇本身的鲜香味道。鲜汤入口，品尝不尽的回味，加之蘑菇本身低脂、含锌的特点，健脾养胃、减脂降压。相比常出现在我们餐桌之上的椒盐蘑菇，这道清新的鲜香蘑菇汤，不失为怕胖又想要补充营养的"仙女"们优先的餐前选择。

● 素菜——荠菜拌杏仁

荠菜是古老的，可以追溯到《诗经》："谁谓荼苦，其甘如荠。"入口苦涩，回味甘美，便是荠菜的特色了。

人都说"三月三，荠菜可以当灵丹"，其实除了春天，荠菜上市分春、夏、秋三季，每年8—9月以及10—11月，也是食荠菜的时节。

荠菜含丰富的维生素C和二硫酚硫酮，具有抗癌作用，大量粗纤维可促进新陈代谢，丰富的胡萝卜素对眼睛大有益处。"三高"人群食用荠菜亦可起到食疗功效。

敦煌人善食荠菜早有记载，敦煌文献《某寺因佛事分配勾当帖》中，就有"荠酢"的身影出现，也就是加醋的凉拌荠菜。

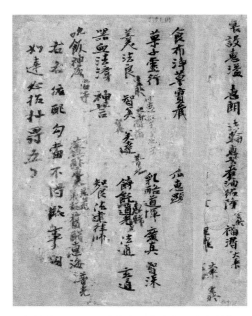

敦煌文献 P.3491《某寺因佛事分配勾当帖》

● 肉———欢乐清蒸鱼

"霜降鱼蓬勃，鲜味跑大街。"无论是钓鱼还是食鱼，此时都是上好的时机。鱼肉味道鲜美、营养丰富，是众所周知的，高蛋白、低脂肪，又易于消化吸收，为鱼肉吸引了一众"粉丝"。而霜降时

制酪酥　莫高窟第 23 窟　盛唐

撒网捕鱼　莫高窟第 296 窟　北周

节食鱼，不仅是因为这个时节肉味鲜香，更是由于鱼肉富含的镁元素可以让人快乐，能够有效改善深秋时容易出现的消极情绪，可以说是"身心皆宜"了。

　　在敦煌文献《驱傩词》中，就已经有"谷秆大于牛腰，蔓菁贱于马齿。人无饥色，食加鱼味。有口则皆餐葡萄，欢乐则无人不醉"这样的描述。虽然略显夸张，但生活的富足和喜悦的心情想必每个人都能感同身受。

霜　降

● 主食——浓郁乳饼

饼类食物，曾"霸占"了古代敦煌人的舌尖，强烈影响了他们的饮食结构。最迟在汉代，饼就已经出现在敦煌人的餐桌上。敦煌马圈湾出土的汉简中就有关于饼的记录："膏饼一人直六十。"

敦煌文献中也有大量关于各种饼的记述，种类多达 20 余种，差不多将所有的饼族成员都囊括其中了。唐代，乳饼是"食中珍品"，士大夫阶层好之尤甚。《饼饵闲谈》中记载："饼，搜糙麦面所为，或合为之。入炉熬者，名熬饼，亦曰烧饼；入笼蒸者，名蒸饼；入汤烹之，名汤饼；其他豆屑杂糖为之曰环饼；和乳为之曰乳饼。"食用乳饼的好处也有记载，元代忽思慧《饮膳正要》载："乳饼面，治脾胃虚弱，赤白泻痢。"

● 酒饮——三勒浆药酒

既然是深秋养生局，饮品自然也要向药膳方向靠近。敦煌人善酿酒，也善饮酒。酒里自有北方人的热情和彪悍，但又不是全然的粗犷，其中也有一番讲究的微妙。

"呵梨勒"（亦写作"诃黎勒"）原产于波斯，是一味药材，亦可酿酒。《金光明最胜王经》中说："诃黎勒一种，具足有六味；能除一切病，无忌药中王。"诃黎勒和庵摩勒、毗梨勒一起，可以酿造出极具异国风情的药酒——三勒浆。

唐代韩鄂研究过此酒的酿制方法，并强调必须是农历八月开始密封，一个月后酿成。"味至甘美，饮之醉人。消食、下气。"正适合深秋饮用。

霜降之后，冬日更近一步。除了落木几何、衣着多少，餐盘里的学问也是关注的重心。今天，不如借鉴古人的饮食，来一场复古的聚餐，从素汤到鲜肉到药酒，舌尖得到大满足，身心同样舒坦。再配上点故事，这一餐，绝对是萧瑟深秋的一抹暖色了。

立冬

凄风浩荡散茶烟
小雨霏微湿坐毡

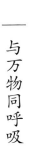

与万物同呼吸

元代吴澄《月令七十二候集解》中记载："冬，终也，万物收藏也。"冬季意味着一年接近尾声，是蛰伏和蓄藏的时节。立冬，就是这万物翕伏的开端。舒缓、安静，宛若一支交响曲渐渐滑向慢板乐章。

顺应自然，是快被道尽、嚼烂的万物生存法则。在立冬时，人虽无须为"冬眠"做准备，却也该由动转静、顺应物候变化，调节身心了。天寒，不可惰。初入冬日的恬静不是陷入温柔乡酣眠的借口。"静"中亦有乾坤，"静呼吸"便是利用这自然之间的肃静使人自身受益的养生、养神良方。

◉ 呼吸静功妙诀

"人生以气为本，以息为元，以心为根……息总百脉，一呼则百脉皆开，一吸则百脉皆阖。天地化工流行，亦不出呼吸二字。"敦煌文献《呼吸静功妙诀》（王圆箓混入的清代抄本）中提及的"呼吸原理"，与现代科学亦有相合之处——人类生命活动的关键是能量转换。

敦煌文献 P.3810e《呼吸静功妙诀》

一呼一吸之间，皆为"行气"。作为维持人体正常运行的"气血"之"气"，来源有三：秉受于父母的"元气"、后天食物营养之"水谷之气"和日精月华之类的自然界空气。

行气，便是通过自我控制，使体内的三种气息相互补充调和，达到充盈强健的目的。《庄子·刻意》道："吹呴呼吸，吐故纳新，熊经鸟申，为寿而已矣。此导引之士，养形之人，彭祖寿考者之所好也。"可见，调整呼吸早已被纳入古人的长寿秘籍中。

◉ 善用呼吸行气的菩萨

仔细观察敦煌石窟早期的菩萨形象，时常能发现菩萨的腹部微隆、肚脐凸出，似乎画师在勾描晕染时刻意强调了他们的腹部。

脐部在禅定调息中起着重要的作用，古人更是将脐中视为人

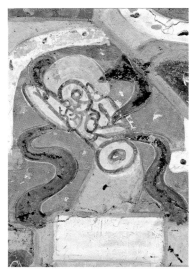

天宫伎乐　莫高窟第 272 窟　北凉　　　供养天人　莫高窟第 272 窟　北凉

禅定佛　莫高窟第 259 窟　北魏

体精血之海、三焦之源、呼吸之根、精神之舍。以脐为中心的腹部也是表现人体美的主要部位，完美的脐部描绘更能表现出菩萨作为修行者的健美。还有一些"含蓄"的表达——敦煌壁画、塑像中的若干禅定形象，都在以其气韵神态传达吐纳之间气息的舒缓平和，不难感受其中的淡定和喜悦。

莫高窟第259窟禅定佛塑像，体态端庄，结跏趺坐在佛座上，双手在腹前作禅定印。他双眼微睁，嘴角微扬，眉毛、鼻子、眼角都露出笑意。这大概就是通过引导、控制气息以至浑然无我，方能最终抵达的"禅悦"境界吧。时间就静止在这一瞬，禅定佛由心而生的平静和愉悦也被定格为永恒。无数人在他面前驻足，被他的微笑"醉倒"，治愈无数烦恼。

一呼一吸有学问，拿捏好了便是短暂的大脑SPA，在彻底放松的同时使大脑皮层和全身脏器得到休憩和调养；亦可促进血液循环，改善心血管健康状况；更重要的，它不需要器械、不需要资金，不会太辛苦，在倦意渐深的冬日，不失为养生保健、延年益寿的有效途径。所谓"身心合一"，身体康健了，才好打开心灵探索的大门。不如以此与天地万物同呼吸的钥匙，去化解"我执"的烦恼，破除"一切苦厄"的无情吞噬，抵达"身心合一"的奇妙之境……

寒衣节

今宵始觉房栊冷
坐索寒衣托孟光

寒衣节

从未断绝的牵挂

敦煌岁时节令

Time And Seasons
Of Dunhuang

寒衣节，只听名字便觉孤冷。如今，寒衣节是人们纪念逝去的亲人，将冥衣焚化给祖先的活动，谓之"送寒衣"。然而在古代，十月初一不仅代表一份缅怀，更有丰富的寓意在其中。

◉ 秦时岁首

作为传统的祭祀节日，寒衣节有着和清明、中元一样重要的地位，但其来源却与清明、中元大不相同。秦汉时，十月初一是被当作岁首来对待的，相当于现在的农历正月初一。秦始皇统一六国后，宣布以十月为岁首，即十月为正月，而后汉高祖亦以十月为岁首。

既然是大年初一，热闹的庆祝活动自然少不了：斋戒祈祭、举办宴会……样样不落。那时的十月朔还没有"烧寒衣"的习俗，人们在当天大概也会同现在春节一样，互道一句"过年好"。直到汉武帝改用夏正之历，以建寅之月为正月，十月朔才回归到单纯的十月初一而不具备岁首的含义了。

舞乐　莫高窟第 156 窟　晚唐

历法虽改了回去，古代的遗俗仍在流行。《晋书·礼志下》记载："至武帝虽改用夏正，然每月朔朝，至于十月朔，犹常飨会。"前代的岁首就作为一个节日流传下来，唐宋时敦煌的十月朔还保留着不少活动。

⦿ 敦煌飨会

南朝梁宗懔《荆楚岁时记》云："十月朔日，黍臛，俗谓之秦岁首。"隋代杜公瞻注："未详黍臛之义。今北人此日设麻羹、豆饭，当为其始熟尝新耳。"秦汉时期十月朔的飨会，被后世的敦煌人保留延续了下来。飨会即是宴会，十月一日的这场宴会上并没有特殊的山珍海味，而是流行吃民间色彩浓厚的"馎饦"。馎饦，是一种水煮的面食，在唐五代时期，一直是敦煌人除了饼以外食用最多的食品。

除了面食馎饦，还有一种用黏米做的饭，名曰"黍臛"。黍臛

压面　莫高窟第61窟　五代

在古代是重要的食物，而黍米成熟就是在十月初，此时吃这种黍米饭，还含有尝鲜的意思。什么季节对应什么吃食，是古人独有的乐趣，是对生活源源不断的期待和仪式感。

◎ 设炉取暖

农历十月，北方城市已到了要集体供暖的时节。古代敦煌人借着一膛暖炉，也可达到室外瑟瑟发抖、室内如沐春风的效果。古时候设炉取暖可是一件大事，朝堂对此有着严格的规定，必须在每年十月初一这天才可进暖炉炭。

有了暖炉，热一壶好酒，烤一片肉，与知己友人围坐炉边，瞬间将冬日的严寒置于脑后。北宋吕原明《岁时杂记》载："京人十月朔沃酒，乃炙脔肉于火炉中，围坐饮啖，谓之暖炉。"因此十月初一这天开炉取暖、置酒聚饮的习俗，被称为暖炉或暖炉会。

敦煌文献对于十月朔的开炉取暖还有更详尽的说明。敦煌文献《壬午年酒破历》载："十月一日戒火，造饭面壹斗。"此处的"戒

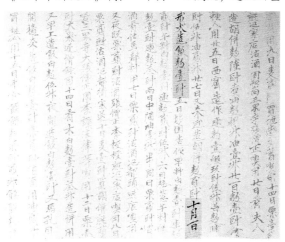

敦煌文献 S. 6452《壬午年酒破历》

烹饪　莫高窟第 23 窟　盛唐

火"有两层含义：一是说此日设火时，要避讳直言生火、置火；二是提出警戒，敦促人们取暖时更要防范火灾发生。

⬢ 烧送寒衣

"红泥炉畔酒"是独属于富贵人家的闲情雅致，古时更多的普通人家则看重过冬的衣物，只需穿在身上就能收获一份温暖。因此，冬日来临时，给远方的亲人寄送寒衣，成为中国古代特有的习俗。

冬日抵御风寒的衣物，不同于夏日追求清凉的飘逸，需要厚重给人以安全感。敦煌壁画上的蒙古族供养人，就喜欢行动便利又绝对保暖的窄袖袍服。这种袍服长可达踝、短能护膝，保暖功效一级棒。如果还嫌不够，可以用动物皮毛制成皮裘，给你一个绝不透风的冬天。

远赴他乡服役的士兵，尚能收到一件思妇亲手制成的寒衣；但山川迢递战事无常，多少征夫一去不复返，更别说收到过冬的衣物了。征夫下落难寻，家中的亲人"造得寒衣无人送"，在生死茫茫之际，寒衣既送给生者，也抚慰逝者。

在寒冬来临时，人们亦想给亡故的亲人送去御寒的冬衣。宋代的十月初一，就出现了拜坟祭祀、烧送冥衣的习俗。晚上在一番祭奠之后，人们呼唤着亡者的名号，将寒衣焚于门前或墓前，谓之"送寒衣"。

初冬时节，寒气渐浓。古人围着新设的火炉，吃着带汤的面食，感受着曾经的"秦岁首"。又以寒衣加身，同时不忘逝去的亲人，焚烧冥衣寄托哀思。十月初一"送寒衣"的习俗仍在许多地方保留下来，亲人之间的牵挂从未断绝。

供养人　榆林窟第 3 窟　元

小雪

云暗初成霰点微
旋闻萩萩洒窗扉

小雪

—— 飞花初来，慕古添香 ——

元代吴澄《月令七十二候集解》："小雪，十月中。雨下而为寒气所薄，故凝而为雪，小者未盛之辞。"零星的小雪，是此时的物象，也是此时的意象——轻盈的浪漫。

冬意渐浓，与之最相宜的还是"绿蚁新醅酒，红泥小火炉。晚来天欲雪，能饮一杯无。"有飘雪，有火炉，有醇酒，糅起来便是朴素的古人在取暖的同时对生活意趣的一点用心。

雅致一些的，冬日屋里得有一盏香炉，香料在炉内徐徐燃烧，丝丝清香，温暖的同时整个人被香气沐浴，变得舒展。而作为器物，香炉造型优美，可谓是讲究人儿的冬日必备了。

敦煌的香炉，更多是作为香器出现在佛事场合。《诸经日诵集要》说："炉香乍爇，法界蒙熏，诸佛海会悉遥闻。随处结祥云……"可知香炉在佛教中扮演着重要角色。

◉ 柄香炉——携带的香气

敦煌壁画中，手持柄香炉的画面并不少见，多出现在剃度、礼忏、奉请等佛事场合。带有长护柄的"柄香炉"，炉头、护柄各有形状。有龙首炉头、鱼身护柄，有莲花炉头、如意护柄……手炉一端炉中置香料，另一端可手执。

手持柄香炉的，一般不是菩萨便是供养人。而柄香炉的出现，为正在进行中的佛事活动平添了仪式感，持炉者无不显露出平和、喜悦、虔诚的神色，整个画面都变得祥和、宁静。

敦煌壁画中早期的香炉无盖，简单朴素。随着不断发展变化，柄香炉的形制、样式、装饰等都越来越丰富多样。不同材质、盖形、宝珠、纹饰，都让一只原本平淡无奇的器具变成了一件用心雕琢的艺术品。

柄香炉　榆林窟第 25 窟　中唐

敦煌绢画 MG.17775《千手千眼观音经变》局部　天福八年（943）

敦煌绢画 S.P.46《引路菩萨》 唐

敦煌绢画 MG.17659《千手千眼观音经变》局部　太平兴国六年（981）

施主都　　銀青光禄大夫检校国子祭酒兼御史中丞　　维寿一心供养

柄香炉中散发升腾的袅袅香气，除了四溢的芳香带给人感官愉悦之外，更可以迅速凝神静气、净涤心灵，让人获得片刻由心而发的自由。

◉ 陈设香炉——安放的暖意

除了将香气随身携带，香炉后来更多被用于静物陈设，这在敦煌壁画以及藏经洞出土的绢画、麻布画中都有体现。陈设的香炉有更大的空间可以发挥功用，体形大，造型细节丰富。香炉居中，两侧放置盛放香料的"香宝子"，几乎是佛教供养的标配陈设。

敦煌绢画 EO.1135《弥勒说法图》 五代

香炉 莫高窟第 98 窟 五代

香炉　莫高窟第445窟　盛唐

顶置宝珠、饰云纹、莲花底座是香炉常见的造型，再加镂空工艺，整个香炉更显静穆与贵气。莫高窟第445窟北壁所绘的曲腿香炉尤为特殊——唐代出土的香炉多见三足或五足，这只绘于盛唐的香炉则有六足，在壁画和出土文物中极为少见。

冬日里的香炉，有温柔的暖意，也有净化的力量，是难得的风雅，将室内与寒风萧瑟的户外隔离成两个截然不同的世界。冬天伊始，不如购一件复古铜香炉置于房间，燃一小块檀香（不差钱的同学可考虑沉香），在香炉渐热的温情中，感受一番沉甸甸的踏实和轻袅袅的悠然。

大雪

绿蚁新醅酒，红泥小火炉
晚来天欲雪，能饮一杯无

大

不惧冰雪欢乐多

雪

"大雪，十一月节。大者，盛也。至此而雪盛矣。"这是《月令七十二候集解》中对于大雪的直观描述。

这一天，或有漫天飞雪翩然落下，装扮出童话里的冰雪世界。

这一天，丰富而温暖，人间的热烈抵挡得住万物凋敝的肃杀。

这一天，古人们一边抵御寒冷、一边创造出应时的快乐。

◉ 风雪添衣

冬季进入大雪时节，出门的程序要因母亲的唠叨增加不少，于是帽子、围巾、手套、口罩……必须全副武装起来。古代男性御寒会用到风帽，看上去颇有些类似于我们所见到的飞行员皮帽。莫高窟第46窟披风帽的男子眉目舒展，唇间笑意温柔，观看的人也能感受到这一顶风帽的厚实与温暖了。

风帽弟子　莫高窟第74窟　盛唐

风帽弟子　莫高窟第46窟　盛唐

大 雪

◉ 撒网捕鱼

大雪节气，也是捕鱼好时节，对于南方、北方都是如此。

先说最南。俗语说"小雪小到，大雪大到"，讲的便是节气与乌鱼群的关系。这是台湾海峡一年中捕捞乌鱼最好的时候，它们沿水温线向南洄游，汇集成庞大的乌鱼群。尤其台湾西部沿海，大量乌鱼在此聚集，鱼网入水，便是肥硕的乌鱼上岸。

再到最北。待湖面结冰，人们走上坚实的冰面，冬季捕鱼热热闹闹地开始了。祭湖神，冰镩子凿冰，下大网，一声"起网了！"，数匹高头大马拉动绞盘，钢丝绳卷起来。大网出冰，无数条鱼欢腾蹦跳，场面煞是壮观，围观的人们蜂拥而至，抢冬鱼！

泽中小鱼　莫高窟第 417 窟　隋

● 热牛乳暖身

　　敦煌自古畜牧业发达，乳品自然深受当地人喜爱。为增强人体御寒能力，冬天多多补充蛋白质更为必要。关于食用各种乳制品的历史，敦煌文献中有大量文字记载，壁画上亦有体现。刚刚挤出的

挤牛奶　莫高窟第146窟　五代

新鲜牛乳，倒入大锅中煮至沸腾，奶香四溢，是冬日里的上佳热饮。联想到今天倍受各地人们喜爱的甘肃美食——牛奶鸡蛋醪糟，在烧开的牛奶醪糟中打入蛋花，撒入葡萄干、花生、枸杞等，恣意招惹人们的口水，想必也与西北地区古老的饮乳传统脱不开干系。

◉ 喜泡温泉

伴着纷飞大雪泡个温泉，不是只有现代人才有的享受。1000 多年前，古人就已修建温室浴池，引水、排水设施都已完善。一落小院，三五亲朋，沐浴汤中，浑身舒展放松，岂不悠哉。

但有所不同的是，那时候提供温室汤浴，并非全然奔着赢利去的，也是一种广种福田的功德。修建浴池的人还会在浴池周围种上果树，也就应了《福田经》中所说的第二种福田："植果园，修浴池。"

汤水浴　莫高窟第 302 窟　隋

☀ 静照反观

冬日泡了温泉，整个人都亮堂了。换上干净衣服，照照镜子，里面的人皮肤白润，脸上还泛着红晕，也算得上是大雪天气的"小确幸"。

古人照镜还有一层意蕴——反观自照。镜中观照自己，也是发现、反省、顿悟的过程。停下匆匆的脚步，在一面镜子前驻足打量一会儿自己，就算又多了一道皱纹，也记得要来一个微笑。反省和顿悟，都是为了遇见更好的自己。

除了"自审"，静虑也是古人反观自己甚至思考世界的方式。敦煌壁画中就有这样的场景：山间禅坐，来一场岁末"灵魂大清洗"。漫天飞雪时，古人的乐趣比往日更多。他们一边跟随自然的节奏，享受冬日里的快乐，一边借此机会，展开一场与自己、与他人、与世界的对话。

彼时应该也有怕冷的懒虫，更愿意躲在被窝中缩成一团消磨光阴。但若发现生活中还有诸多乐子可以找、诸多营养可以吸收，且有不少人正享受其中，怕也会掀开被子、裹紧大衣、戴上风帽，出门去了。

曲花式镜　莫高窟第85窟　晚唐

静虑修禅 莫高窟第 61 窟 五代

冬至

六阴消尽一阳生
暗藏萌，雪花轻

冬至

至

曾经也是『年』

冬至，此日起，太阳照射大地的时间渐长，阳气始至。

自古，冬至就是"阴极之至，阳气始至，日行南至"的重要节气，更是万民同庆的大节日。北宋孟元老《东京梦华录》里写得直观："十一月冬至，京师最重此节。虽至贫者，一年之间，积累假借，至此日更易新衣，备办饮食，享祀先祖。官放关扑，庆贺往来，一如年节。"

唐宋时期，举国上下都视冬至同元正，放假过节是必需的。敦煌文献《郑余庆书仪》中记载："元正、冬至日，在巳上二大节，准令休假七日，前三后四日。"

落日　莫高窟第 68 窟　盛唐

敦煌文献 S.6537《郑余庆书仪》

实际上，冬至不仅是"大如年"，也确实承担过"年"之重任。它是殷商、西周以及春秋战国时的"岁首"，是周时的正月，于是亦被后世称为"周正之节"。

◉ 朝廷拜贺赏送

冬至自古被视为"大吉之日"。

敦煌文献《杂抄》中明确说道："冬至之日，阳爻始动，万物生芽。"古人多将阳气作为君道之象，而冬至因是一年中阳气上升的初始，拜贺之礼便是人们在这天要追求仪式感的标配了。

拜贺之礼多存在于朝堂官府，下属当面参拜上级，是规矩。如果有特殊原因未能当面参拜，也要写好书信以表庆贺。那时候薄礼相送是应尽的礼节，各种地方土特产聊表心意；上级对下属也会回赠礼物，比如冬日刚需的毡履、夹袄等。

冬 至

257

敦煌文献 S.4663《杂抄》

院落 莫高窟第431窟 初唐

敦 煌 岁 时 节 令
Time And Seasons Of Dunhuang

◉ 士庶聚会宴饮

春节时，家中自是亲朋相聚，酒食热闹。冬至亦不例外，敦煌文献《吉凶书仪》中载有《冬至相迎书》："长至初启，三冬正中，嘉节膺期，聊堪展思。竟无珍异，只待明公，空酒馄饨，幸垂访及。谨状。"酒是自家酿的最香醇，只要有了酒，讲话总会少许多刻意，多几分诚恳。回顾过去一年，无须再像年终总结那样"横平竖直"，而是可以就此开怀，在欢声笑语中享受冬日的悠闲时光。

院落　莫高窟第 23 窟　盛唐

● 道场设供献佛

　　冬至亦是佛教徒们设供献佛的重要日子。敦煌文献《丙午年十一月纳油历》中记载："十九日就库纳油叁升，付都师亦冬至［油］肆升，付都师造佛食用。"

　　冬至更是一年当中寺院里的重要节日，信众们一团忙碌地制作美食，举行宴会欢度节日。敦煌文献《寺院油面破历》记载："（十一

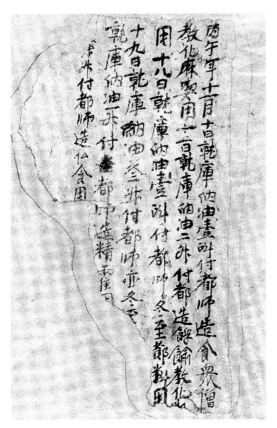

敦煌文献 S.6275《丙午年十一月纳油历》

月）十九日麦酒壹瓮、粟酒两瓮，僧录、僧政节料用。更油贰升，酒户郭没支节料用……又面柒斗、油壹升、酒半瓮，徒众早上拜节造戒斋吃用。"

"冬至大如年"，宣告的是冬至的地位和分量，也是激励和唤醒。在万物萧瑟的深冬，人们反倒要格外打起精神，不可颓然荒废。这天阳气始至，一盘水饺下肚，一杯温酒入喉，便瞬间元气充盈、毫无倦怠了。

斋僧 莫高窟第 236 窟 中唐

小寒

横林摇落微弄丹
深院萧条作小寒

人生如棋，落子无悔

小寒三候："一候雁北乡，二候鹊始巢，三候雉始雊。"禽鸟能够灵敏感知气候变化，小寒时阳气萌动，大雁从南方启程向北迁徙；喜鹊感应到阳气，开始筑建巢穴；雉鸡也因阳气上升，早早醒来啼叫。

天气寒冷不假，天地间阳气却是越来越强。围炉煮酒，秉烛夜谈，大概是最契合此时的节目了。如果只是聊天难免有些单调，不如邀几位好友，摆一盘棋局，来一次对弈。

◎ 是围棋，也是兵法

传说围棋源自尧时，西晋张华《博物志》云："尧造围棋，以教子丹朱。"春秋战国时的文献中有"弈棋"出现，东汉许慎《说文解字》中说："弈，围棋也。"晚唐诗人皮日休以围棋"有害、诈、争、伪之道"赞成围棋源于战国而非尧时，"以子围而相杀，故谓之围棋"。的确，在不少人看来，围棋更贴近于兵法，认为它是适

弈棋　莫高窟第 454 窟　宋

应战争的需要、模拟战争的形式而创制的一种智力游戏，中国古代许多著名的军事家也是围棋高手。华佗为关羽刮骨疗毒，见者全都震惊失色，而关羽本人面不改色，依旧气定神闲地和马良对弈搏杀。

◉ 当敦煌遇见围棋

作为唐时经济文化重镇，敦煌也少不了留下围棋的印记。敦煌文献《棋经》中将兵法的战略战术巧妙应用在围棋上，"贪则多败，怯则多功。喻两将相谋，有便而取……"被认为是中国现存最早的围棋理论著作。

不仅有相关文献，还有实实在在的棋子现身。20 世纪 70 年代末，在敦煌寿昌县古城遗址北门处发掘出土了 66 枚围棋子，棋子多为花岗岩石制成，有少量为玉石质地，外形美观、磨制精细、光泽宜人。棋子形状呈圆饼形，中间凸起，中圆直径为 1.2 厘米，中厚为 0.75 厘米，重量 12 克左右。

敦煌文献 S.5574《棋经》

弈棋　莫高窟第7窟　中唐

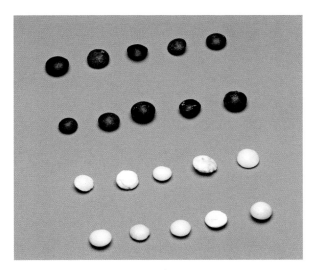

棋子　敦煌市博物馆藏　唐

　　这大概还是唐高祖李渊热衷围棋的功劳。李渊登基第一年，就下诏全国各郡县上奉贡品，敦煌贡围棋子20具。敦煌寿昌县或许便是棋子的生产地。

　　在这寒冷的冬天，回溯围棋的故事和趣闻，便按捺不住想要围炉烹茶、弈棋取乐了。这是"有闲之士"的娱乐方式，既有智慧的搏杀，又有精神的较量和心性的修炼。棋局里的一动一静、一招一式皆有智慧，举棋、落子之间，便是可以咂摸思索的人生了。

腊八节

侵陵雪色还萱草
漏泄春光有柳条

——沐浴食粥，温暖无忧——

腊八节

悉达多太子（即释迦牟尼）离宫多年，在森林荒野中寻师访道。多年的粗食苦行，使他形销骨立、虚弱已极。在觉察到极端苦行不能获得证悟后，悉达多停止折磨自己。他沐浴更衣，接受了牧女为他供献的乳糜，进食后体力恢复、气色转佳。

十二月初八夜里，繁星闪烁，悉达多在菩提树下进行绝不改变姿势的"坚决静坐"，这是他觉悟之路上的最后冲刺。"牧女献糜"的故事在所有佛陀传记中都有讲述。这段事迹，不但是悉达多放弃苦行、实践中道的重要转折，也意味着离群索居的"准佛陀"终究需要回到世俗社会中，在凡人之力的帮助下超越自我。

腊八，最初作为释迦牟尼证悟的日子，属于佛教节日，后来逐渐演变成我们现在的"喝粥节"。

牧女献糜　莫高窟第 61 窟　五代

太子六年苦行畫

苦修　莫高窟第76窟　宋

◉ 何为乳糜

　　释迦牟尼吃的"乳糜"是什么神仙良药呢？仅是用牛奶和粟米煮成的奶粥吗？据研究，佛经中的乳糜，与敦煌文献中大量出现的寺院用油、酥、面、诃黎勒制作而成的"药食""乳药"趋同。

　　比如，敦煌文献中明确记载——

　　油半升，腊月八日抄药食用；

　　酥一升，充乳药；

　　诃黎勒一课，充乳药；

　　油柒升，酥半升，（十二月）八日灵药食用。

　　"酥"，就是用牛羊奶加工提炼的油脂食品，在制作食物时加入酥，会使其香味醇厚、口感酥软。药食是具有药用功能的餐食。

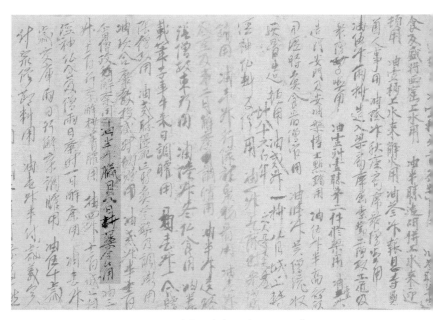

敦煌文献 P.2040v《净土寺食物等品入破历》

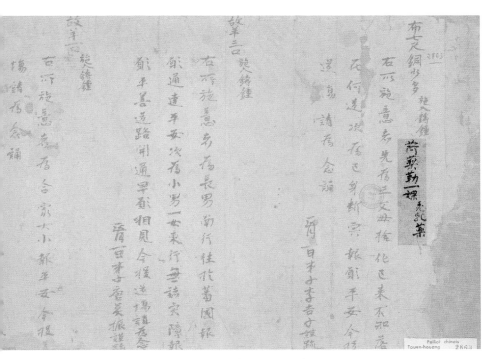

敦煌文献 P.2863《弟子施入疏》

古代敦煌寺院僧人的腊八饮食，就是由佛经中提到的"乳糜"传承而来，将油、面、梨、酥、诃黎勒等食材烹饪食用，具有疗愈疾病的功能。

● 从乳糜到腊八粥

"牧女献糜"的故事，被载入佛经广为流传，甚至影响到我们今天的日常生活。在接受乳糜之前，悉达多在尼连禅河沐浴全身，洗去污浊。敦煌文献《杂抄》中亦有记载："十二月八日何谓？其日沐浴，转障除万病，名为温室，于今不绝。"在这天沐浴，更多了祛病除烦恼的益处。而牧女为悉达多制作乳糜，大家认为这是慈悲的施与，是功德无量的善事。对比今天腊八施粥，给并不相识的人一碗热气蒸腾、暖意融融的粥食，颇有异曲同工之妙。

沐浴　榆林窟第3窟　西夏

◉ 佛俗与腊祭交融

释迦牟尼在十二月初八成道，这一天寺院必举行隆重的纪念仪式。除了释迦牟尼成道的重要意义，腊月本就是中国民间传统的"祭祖时间"。追溯到先秦以前，一年中的最后一个月往往是大家狩猎的"旺季"，他们猎取野兽、祭祀先祖，以求保佑后代平顺、安康。腊祭偏重人伦孝道，万物本乎天、本乎祖，腊祭是关乎报本的重要事宜。

东汉应劭《风俗通义》说："腊者，猎也，言田猎取兽以祭祀先祖也。或曰腊者接也，新故交接，故大祭以报功也。""腊月"这一叫法，和腊祭的传统脱不开干系。"腊"字在《说文解字》中的解释就是："腊，冬至后三戌，腊祭百神。"因此人们常说，腊八是中国传统腊祭与佛俗相交融的结果。

如今，不一定人人都懂腊八粥背后的渊源和故事，但在香甜软糯、回味浓郁的粥饭入口时，尝到的都是幸福的味道吧。燃灯供奉，沐浴更衣，熬煮施粥，狩猎腊祭……腊八的种种仪式和腊八粥中寄托的情愫大概是类似的——温暖、美好，充满希望。

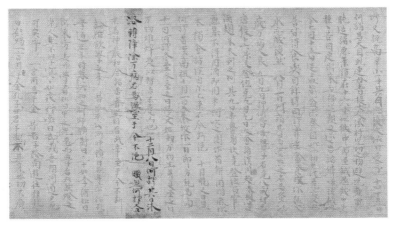

敦煌文献 P.3671《杂抄》

狩猎　莫高窟第 285 窟　西魏

大寒

大寒已过腊来时
万物那逃出入机

大寒

岁末建福，万吉万宜

大寒，宣告一年中最寒冷的时节到来。这时又是热闹的，因为正值岁末，一年中最隆重的一次团聚即将到来。赶集备年货、扫尘洁物、写春联、准备鸡鸭鱼肉各种年货……全家人为此欣欣然忙碌奔波，为生活的仪式感开始操持。

除此，祭祀祖先及各种神灵，祈愿来年吉祥安康、诸事顺遂。在古代，大寒更是和瑞福关系紧密——人们忙于和过去的一年告别，为即将到来的新年增添诸多期待。

◉ 五天四夜的岁末祈福

岁末年初，寺院都是极其忙碌的地方。信众纷至沓来，香火颇旺，整个寺院上空，弥漫的都是心愿和故事。

在古代，寺院结坛转经祈福是此时不能少的仪式。敦煌文献记载，曾经的年终结坛堪称佛界盛事，要持续五天四夜之久。寺院中竖幢幡、悬佛像，僧人们诵经转唱，还有丝竹管弦乐器伴奏左右。地方节度使及官员也加入其中，持炉焚香，虔诚礼拜。

敦煌文献《岁末结坛斋文》中记载："今者旧年将末，新岁欲临，置净坛于中央，敷幡花于宝地者，则有我府主太保，受大悲之付嘱，以法治民；承观音之遗文，钦贤仰圣。所愿者，愿龙天八部，定社稷以恒昌；所祗者，祗释梵四王，保敦煌而永泰。千灾万鄣（障），随旧岁送出于镇围；万吉万宜，逐新年来临于玉塞。"

岁末祈福，就是要送走旧岁的千灾万障，迎来新年的万吉万宜。

观音菩萨 莫高窟第57窟 初唐

◉ 钟馗上岗，驱除邪魅

相传唐玄宗病中梦到钟馗驱鬼，醒后病愈，便命吴道子画下梦中钟馗，并提倡全民信仰钟馗，每年新正须以钟馗像贴门首，以镇妖邪。敦煌从晚唐以来，归义军衙府在每年腊月中下旬便开始画钟馗像，为过年张贴做准备。此俗盛行颇久，今天亦有家庭会将其请出，作为门神与对联用在一起，成为春节张贴"标配"，辟邪镇宅，保佑平安。

钟馗　莫高窟第 150 窟　清

◎ 一起喝一杯，辞旧迎新

每值岁末，我们不免回顾一年，感怀得失。各种聚会上大家举起酒杯，辞别旧岁，一年的愁，都在酒里了。到了明年，那些事儿都只是下酒菜。古代人也有类似的活动。

岁暮聚饮乃中国传统习俗，含有辞旧迎新之意。古人会在岁末举行一次集体聚会，叫作"建福"，敦煌文献《社司转帖》中记载："右缘常年建福一日，人各炉饼壹双，净粟壹斗。幸请诸公等，帖至，限今月廿二日卯时于安家酒店取齐。"

既然"常年建福"，可见是常规性的岁时活动。不同时间的不同文献中有不同的建福日期，但都集中在腊月下旬，社人会集的地点均在酒店。

西晋周处在《风土记》中记载："蜀之风俗，晚岁相与馈问，谓之馈岁。酒食相邀为别岁。"这一场酒饮完，和过去一年的喜怒哀乐，告别吧！

各种各样的岁末仪式，异于平常的隆重饮食，不过是在强烈提醒我们：这是一年的终章。人们步履匆匆，将时光踩在脚下，不知去年的心愿实现了几何。春、夏、秋、冬，从不等谁。一载四季轮回即将结束，春暖花开的序曲也将要奏响了。

露天酒肆　莫高窟第 360 窟　中唐

敦煌岁时节令

Time And Seasons Of Dunhuang

2017 年的冬天，敦煌下了一场大雪。

银白色的雪花飘飘扬扬地落在鸣沙山上，沙漠好像被盖上了一层厚厚的棉绒。莫高窟前的广场上，乐乐正在雪地里快乐地奔跑着。我们把自己裹得严严实实的，来拍莫高窟的雪景。

"大家说，我们像不像莫高窟第 46 窟里那身戴着风帽的塑像？"

我们互相看了看，然后相视一笑——你别说，我们此时此刻的样子，还真像是刚从洞窟里走出来的呢！

等一下——从洞窟里走出来的人？众人的心好像受到了一阵触动。在这个大雪纷飞的日子里，那些洞窟里的图景好像穿越了千年的沧桑，走到了我们面前。在时间的长河里，一切仿佛都在飞速地变化。我们不禁思考：有没有什么亘古不变的东西，是我们与古人共同见证、经历过的，并且能够通过它与古人对话？

当然有！除了三危山上升起的弯月，和九层楼前悠扬的风铃，我们还有岁时节令。

春有百花秋有月，夏有凉风冬有雪。日月流转，四时变换。从立春到大寒，从腊八到元宵，我们依然传承着祖先们留下的习俗。春节团聚，清明祭扫，夏至尝新，中秋赏月，这是属于中国人特有的浪漫。

岁时节令，正是我们与古人对话的窗口。如果我们将壁画和文献中涉及的饮食、音乐、舞蹈、服饰等内容与"岁时节令"相链接，用新媒体的方式将其一一呈现，是否会受到当代读者们的欢迎呢？

经过反复讨论，我们决定推出《敦煌岁时节令》！从敦煌壁画和彩塑中捕捉创意的灵光，在敦煌文献中寻找创作的素材……当我们透过壁画、彩塑和文献，试图与古人对话时，不禁感叹——在时间的长河里，莫高窟的壁画是那样的鲜活和生动。

千百年来，敦煌的画师们将自己的生活画进壁画，那些现实的映照与飞天花雨一起，沉睡在浩渺的黄沙里。今天，当我们重新走进这座艺术圣殿，穿着碧衫红裙的少女、奔腾欢快的胡旋舞、青绿的山水、五台山下的僧侣和寺院……时光仿佛被定格在了这一刻，仿佛下一秒，他们就要走出壁画，走进我们现在的生活！

传承、人文、诗意、生活，这就是《敦煌岁时节令》的主题。让丰润厚重的敦煌文化走进年轻读者的视野之中，让传统文化与新媒体碰撞出别样的火花。《敦煌岁时节令》成了敦煌莫高窟1650多年延续与弘扬的又一重"方便之门"。

众人拾柴火焰高。在创作的过程中，杜鹃负责整个项目的策划、每章主题的选择、全部文字的统筹和主题图的设计，赵晓星、田舒源、王芳芳承担文字稿的撰写。除此之外，敦煌研究院的许多专家、学者都为我们提供了帮助。在敦煌研究院赵声良书记的牵头下，《敦煌岁时节令》由数字出版物变成了纸质出版物。

感谢赵声良书记为本书写序，在我们最迷茫的日子里，鼓励我们坚持创作；感谢敦煌学前辈马德、王惠民、高启安先生，他们不辞辛苦，为我们讲解历史、修订书稿；感谢樊雪崧、付华林、朱生云等同事，他们曾与我们并肩，在一个个沙尘弥漫的午后，在被后山遮挡严实的窗前，为本书贡献着智慧与心力。

感谢读者们。从 2018 年春敦煌研究院官方自媒体平台发布的第一篇《敦煌岁时节令》起，共有 35 期新媒体内容发布、2000 万次点击、100 多万条留言。通过互联网平台，古老的敦煌文化焕发出了勃勃的生机，让我们和数以千万的读者朋友们完成了一场双向奔赴。你们对于敦煌文化的热爱，是我们持续创作的动力和源泉。

敦煌真是个神奇的地方，在这里的每一次启程，都始于一种强烈的愿力——念念不忘，必有回响。你们说，有没有这样一种可能：前秦建元二年（366），从乐僔和尚在三危山看到万丈佛光的那一刻起，《敦煌岁时节令》里的春夏秋冬，就已经悄然开始了。

感谢你，选择和敦煌一起，走过四季。

《敦煌岁时节令》编写组

2022 年 2 月 16 日

写于莫高窟

图书在版编目（CIP）数据

敦煌岁时节令 / 敦煌研究院编；赵声良主编；杜
鹃等著.－－南京：江苏凤凰美术出版社，2022.4（2023.4重印）
ISBN 978-7-5344-8319-6

Ⅰ.①敦… Ⅱ.①敦… ②赵… ③杜… Ⅲ.①敦煌学
–通俗读物②节令–风俗习惯–中国–通俗读物 Ⅳ.
①K870.6-49②K892.18-49

中国版本图书馆CIP数据核字（2022）第037674号

出 品 人　陈　敏

项目统筹　毛晓剑
责任编辑　郭　渊
装帧设计　王　超
项目协力　薛　峰　程继贤　舒金佳
　　　　　孙　鑫　安　然　刘秋文
责任校对　吕猛进
专业审校　叶爱国
责任监印　生　嫄

书　　名　敦煌岁时节令
编　　者　敦煌研究院
主　　编　赵声良
著　　者　杜　鹃　赵晓星　田舒源　王芳芳
出版发行　江苏凤凰美术出版社（南京市湖南路1号　邮编：210009）
制　　版　南京新华丰制版有限公司
印　　刷　南京爱德印刷有限公司
开　　本　889mm×1194mm　1/32
印　　张　9.375
版　　次　2022年4月第1版　2023年4月第4次印刷
标准书号　ISBN 978-7-5344-8319-6
定　　价　128.00元

营销部电话　025-68155675　营销部地址　南京市湖南路1号
江苏凤凰美术出版社图书凡印装错误可向承印厂调换

盧相公詠廿四氣詩

詠立春正月節　春冬移律侶　天地揆星霜　氷泮遊魚躍　和風待柳

詠早梅迎雨水　殘雪怯朝陽　萬物合新意　同歡聖日長

詠雨水正月中　雨水洗春容　平田已見龍　祭魚盈浦嶼　歸雁過山峯

雲色輕還重　風光淡又濃　向看入二月　花色影重重

詠驚蟄二月節　陽氣初驚蟄　韶光大地周　拋花開旦錦　鷹

詠驚蟄二月黃　陽氣初驚蟄　韶光大地周

老化春鳩　時候爭催逗　甜芽禾矩循　人間移生事　耕種滿田疇

詠春分二月中　三氣莫交爭　春分兩度行　雨來善電影　雲過聽雷聲

山邑重天碧　林花向日明　梁間玄鳥語　頌似解人情

詠清明三月節　清明來向晚　山淥正光華　楊柳先飛絮　梧桐相續放花

寫鶯

敦煌文獻《咏廿四節气诗》